超越平衡计分卡

[美] 马克·格雷厄姆·布朗（Mark Graham Brown） 著
谢军容 等译

Beyond the Balanced Scorecard

中国财政经济出版社

图书在版编目(CIP)数据

超越平衡计分卡:利用分析型指标改善商业智慧/(美)布朗(Brown, M. G.)著;谢军容等译. —北京:中国财政经济出版社,2009.10

书名原文:Beyond the Balanced Scorecard

ISBN 978-7-5095-1830-4

Ⅰ. 超… Ⅱ. ①布… ②谢… Ⅲ. 企业管理 Ⅳ. F270

中国版本图书馆 CIP 数据核字(2009)第 167764 号

著作权合同登记号:图字 01-2008-5035 号

责任编辑:刘 静 责任校对:孙志敏

封面设计:华乐功 版式设计:孙志云

Mark Graham Brown

Beyond the Balanced Scorecard

ISBN 978-1-56327-346-9

中国财政经济出版社出版

URL: http://www.cfeph.cn

E-mail: webmaster@ewinbook.com

社址:北京海淀区阜成路甲 28 号 邮政编码:100036

发行电话:010-88191017

三河市祥达印装厂印刷 各地新华书店经销

787×1092 毫米 16 开 13.75 印张 150 千字

2010 年 1 月第 1 版 2010 年 1 月北京第 1 次印刷

定价:39.80 元

ISBN 978-7-5095-1830-4/F·1532

(图书出现印装问题,本社负责调换)

目　录

前　言

人们已经开发出了一系列绩效度量方法，但对于组织来说，将这些范例与现有的商业模式结合起来是一项艰巨的任务。选择一个框架或模式以适应特定的企业文化、持续地对绩效进行监控，并根据事实制定商业决策，这些都是绩效管理的基础。然而，许多组织踏上了绩效管理的旅程，但在获得切实的成果之前就放弃了——遵守所有感知到的规则实在太难了。

这种情况与交响乐团面临的挑战非常类似：每一件乐器都是单独演奏的，但如果这些乐器没有调好音高，不能与其他乐器协调，演奏者没有集中演奏同一首乐曲，那么演出就会失败。同样，在绩效管理的旅途中，问题变成了：让恰当的指挥为这些范例的合并设定一个统一的愿景，以形成共同的组织哲学。马克为我们提供了一种实用的方法，这种方法有助于绩效管理指挥的产生，并为其提供了指导。

有远见的组织已经证明，根深蒂固的绩效管理文化是在市场条件下赢得竞争的必要因素。对于那些绩效管理的新手来说，他们有必要明白这一点：不存在一种建立绩效管理文化的正确方式，不存在一系列神奇的指标，也不存在这样一种管理理论，当人员要素缺乏时，它可以使绩效实现最优化。相反，创造性地修改并应用绩效管理理论的基本原理，并发挥组织中理解目标和文化的人力资产的力量，这将有助于带来我们希望的实质性结果。

通常，人们对绩效管理措施的认知来自两个极端：一些人认为可以用简单的方法来确定其计分卡指标，而另一些则认为解决方案十分复杂。另外，在领导者需要了解企业的哪些情况、想要了解哪些情况以及他们对组织的哪些方面进行度量之间，存在着严重的脱节。只有当这些极端的看法得到了平衡，并利用艺术和科学的方法建立起适用的模式后，绩效管理才能真正获得成功。

马克的方法从整体的观点出发，帮助我们在信息差距（information gap）之间搭起了一座桥梁，并展示了绩效管理成功的驱动因素。这种绩效管理方法非常实用，已经得到了生活中真实案例的证实（包括成功的和失败的）。这种哲学可以用在个人层面、部门层面或企业层面，也可以用于公共和私人部门中。

读者可以利用真实的案例，对本书建议的解决方案提出质疑和挑战，也可以在课堂上外推至自己所处的特定环境中。本书中包含了大量见解深刻的工具和最佳实践，不管你处在绩效管理这一连续体（continuum）的哪个位置，它们都将助你成功地完成绩效管理之旅。

多纳·荣格（Donna Jung）

致　谢

首先，我要感谢过去几年中我的客户给我提供了学习的机会，我学到的很多东西都记录在本书中。如果按名字列出来，这个名单会很长，但在本书中我提到了一些名字，并把它们作为采用杰出的、创新性方法和指标的组织实例。

我还要感谢下面这些人，他们花时间阅读了书稿并向我提出了宝贵的建议：

Dr. Gerald Blanton	AMSEC
Don Hoeffert	Storaenso
Stephanie W. Honda	University of Southern California
John M. Mullins	U. S. Department of the Interior
Michael J. Novak	U. S. Internal Revenue Service
Noriko Oyama, Daniel Kube,	
Donna Jung	Performancesoft

最后，我要感谢 Ruth Mills，他的编辑工作十分出色，使本书成为了一本易学易懂的作品，我还要感谢 Michael Sinocchi 和 Productivity Press 管理团队中的其他成员，他们从 1990 年就开始出版我的著作。

导　言

我们都希望信任统计学。如果将信息和数据的波动切碎成更小的增量和数字，并把它们展示在图表中，我们会感觉好一些。数字和统计学当然比仅凭直觉的数据更客观。同时，我们也要认识到，“可靠的统计学”并非总是令人信服。在明白了很容易对这类信息进行操纵后，我们就会对调查数据产生怀疑。我们甚至不相信财务信息，而这些信息本该是最值得信任的，因为它度量的是现金，而且制定了严格的会计规则规定如何记录组织中的资金流向。但是，在过去的 10 多年中，大型企业的道德问题给我们上了一课：财务结果也可以弄虚作假。结果是：许多人不再相信股票市场，而更多的人不再相信大企业和它们公布的数字。然而，我们仍然需要一种计算得分的方法。我们需要一种评估和量化组织绩效的方法。

大多数咨询人员都出版过一本好书。就算是那本书只获得了适度的成功，他们也会不断地进行修改，同一本书就会一再出现在市场上，而内容并没有太大的差别。这是我讲述绩效指标的第三本书，不错，其中有对我以前著作的一些评论。但是，自从我在 1996 年写了第一本绩效指标的书《保持分数》（*Keeping Score*）后，我学到了很多东西。我犯了很多错误，也尝试了很多新东西，其中有一些非常有效。我学到的最重要的一课是：*确定如何衡量成功与指出实现成功的战略一样重要*。我学到的另一课是：尽管今天我们对指标和平衡计分卡十分重视，但企业、政府、军队、医院保健和教育机构中的绩效度量却并不成功。尽管绩效度量在某种程度上比过去更加先进，但它们大都缺乏完整性，不能告诉那些企业的领导者他们需要了解绩效的哪些维度。

本书讲述了企业度量绩效与健康程度的一种新方法：平衡计分卡。这种革命性的度量方法由卡普兰（Kaplan）和诺顿（Norton）在1992年提出，它已经引领许多组织在其传统的财务和经营指标中加入了更宽泛的指标。从1992年起，我们就已经知道，曾经作为计分卡基础的最初4类杰出指标（财务、客户、内部指标与学习、创新与增长）是远远不够的。我们还知道，我们不能通过观察十几个统计指标来衡量一家企业的健康程度。相反，我们需要的是一个全新的、更先进的计分卡，其中的指标能够度量企业绩效的更复杂的维度。如果不是卡普兰和诺顿的工作和他们对计分卡及其应用的持续完善，这种进步是不可能出现的。

本书是如何组织的

第1章提供了计分卡和指标的一些背景，并描述了创建自己的平衡计分卡的最佳方法。第2章和第3章解释了新的计分卡应该包含哪些内容以及新的指标［我称之为分析型指标（analytics）］是什么。第4章到第8章描述了我们推荐的分析型指标，它为经理们提供了5个关键领域［客户、外部环境、人员（即你的员工）、运营、战略和财务］中有关组织绩效的重要问题的答案。每一章都以需要牢记的要点作为结束，这些要点是在决定组织将采用何种指标时必须牢记的。在改善组织的度量指标与绩效时，请参考这些要点。

最后，第9章讨论了绩效管理的最新进展，计分卡已经不再仅仅是一个报告工具。我们将讨论计分卡与知识库、项目、内部资源和其他数据的联系。通过与其他数据相连，计分卡成为了一个更优秀的分析工具和改善绩效的助手。换句话说，计分卡不仅告诉你绩效是否符合标准，它还告诉你应该如何改善绩效。

本书的附录包含了计分卡的实例，包括来自各种类型企业的分析型指标。这些实例将为你希望在自己的计分卡中包含哪些指标提供一些思路。在确定你跟踪的那些指标与同业中的企业跟踪的目标是否相同时，这些实例也可以提供很大的帮助。

本书如何为你和你的组织提供帮助

从本书中你将学到如何度量大多数计分卡都忽略掉的指标。当前大多数的计分卡都没有涉及组织健康的主要方面，充其量只是用一些不确切的数据来评估许多重要的、代价高昂的商业战略是否成功。本书将为你提供一个指南，使你知道如何量化并定期跟踪一系列难以度量的指标的进展情况。另外，本书以图片的形式提供了大量实例——这些实例来自企业、非营利组织和政府机构——在你开发自己的指标与分析方法时，它们可以为你提供帮助。你将学会回答下列关于如何对组织进行度量的问题：

- 我们正在与正确的客户建立积极的关系以促进企业成长并建立顾客忠诚吗？
- 我们努力开拓的新业务是恰当的吗？
- 我们所从事的是让顾客高兴而不是激怒他们的活动吗？
- 我们的品牌形象如何？
- 可能影响组织成功的外部世界正在发生什么事情？
- 我们应该留心哪些类型的竞争威胁？
- 我们与重要的合作伙伴和供应商的关系如何？
- 我们在满足常规需求方面做得如何？
- 员工的满意度和参与热情如何？
- 员工的健康程度和安全感如何？
- 我们在多样化和道德方面做得如何？
- 我们聘用的是拥有恰当知识和技能的员工吗？

- 我们是否与我们的员工进行了有效的沟通?
- 我们对重大项目的完成情况如何?
- 我们是否有效地管理着关键的流程?
- 我们是否最有效率地使用了我们的资源?
- 我们是否有效地使风险最小化?
- 组织在财务上健康吗?
- 我们在新产品/服务的开发方面做得如何?
- 我们在将关键战略与愿景结合方面做得如何?
- 我们在主要绩效的改善方面做得如何?

最好的绩效度量指标不是个别的变量，而是由一组单独的统计数字构成，这些数字为我们提供了关于绩效方面的更客观、更成熟的观点。读完本书，你将学会如何创造出一个新型的计分卡，这一计分卡将告诉你真正需要了解哪些关于组织运行情况的信息。

第1章 第一代平衡计分卡

组织中的绩效度量并不是什么新东西，在过去的 30 年中，组织已经意识到，单纯的财务指标不足以评估一个企业成功与否。在 20 世纪 70 年代，生产率成为人们关注的焦点，企业和政府机构开始跟踪员工、机器和其他资源的生产率。在 20 世纪 80 年代，所有人都开始关心质量和顾客满意度，因此那些指标成为了组织计分卡的一部分。

20 世纪 90 年代，平衡计分卡的概念出现了，迫使管理者去看一看他们的指标中有多少是财务指标，然后再加入一些非财务指标进行平衡。平衡计分卡方法认为越少越好：企业在一张计分卡上跟踪的指标应该控制在 15 ~20 个之内。对于那些喜欢每天都要阅读上百张图表的管理者来说，这种方法很难行得通。

1.1 平衡计分卡的演进

在过去的 30 年中，组织用来度量其绩效的方法经历了三个明显的阶段。每个阶段都会持续 10 ~15 年，而在每一个后续阶段中，度量绩效的方法都会更加严谨。这一过程离我们所谓的“科学”还有很大的差距，但度量方法以及数据的完整性在不断改善。鲍得里奇标准（Baldrige criteria）之类的模型已经推动我们利用这种系统的方法来度量和管理绩效。图 1.1 显示了平衡计分卡的演进过程。

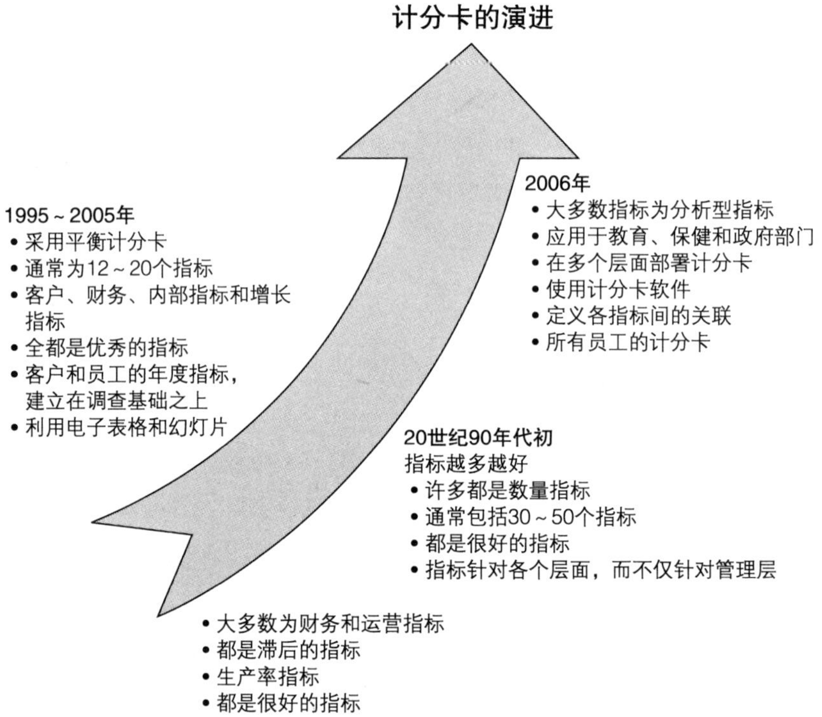

图 1.1　平衡计分卡的演进

1.1.1　第一阶段的计分卡：关注财务和运营指标

大约在 1980 年以前，组织通过评估一系列宽泛的运营及财务统计数字及比率来度量企业的绩效。图 1.2 显示了那个时代的一张典型的计分卡。管理者每个月召开一次大会，通常要关注 30 多个指标，而这些指标都是滞后的指标，且几乎都是财务指标。少量具有超前思维的企业开始每年对顾客满意度或员工士气等指标进行一次调查，而且许多企业的计分卡上还加入了生产率指标。实际上，生产率在 20 世纪 70 年代十分流行，人们对各种各样的生产率——劳动生产率、资本生产率、设备生产率等——进行度量。在某些情况下，管理者可能会认为度量产品的次品率或故障平均间隔时间（mean time between failures，MTBF）也很重要。

典型的第一阶段计分卡					
财务指标					
销售收入	毛利润	应收账款	资产/负债	EBITDA	股票价格
预算	成本	总人数	研发支出	利润	增长
运营指标					
生产量	次品率	准时发货率	劳动生产率	设备生产率	原材料生产率
新产品数量	培训时间	专利	故障平均间隔时间	事故	审计得分

图 1.2　第一阶段的计分卡

第一阶段计分卡中的所有指标都很重要，但是太多了，它们都有些滞后，而且不平衡。大量的企业至今仍然在使用第一阶段的计分卡。实际上，最近对几家大型企业的计分卡进行的评估显示，其指标超过 30 个，其中 90% 的指标不是财务指标就是运营指标。如果你的计分卡与图 1.2 所示的例子类似，那么你就需要关注一些根本问题，如减少计分卡中指标的数量，增加一些评估顾客满意度和员工满意度之类的指标。

1.1.2　第二阶段的计分卡

大约从 1980 年起，组织就开始受到质量和客户满意度等问题的困扰。这一领域的专家，特别是菲尔·克劳士比（Phil Crosby）和爱德华·戴明（W. Edwards Deming），马不停蹄地为企业讲授如何降低次品率、提高客户满意度。流程分析和改善也变得流行起来。迈克尔·海默（Michael Hammer）和他的同事们通过向企业传授一种改善流程的方法［他称之为“再造”（reengineering）］而收入颇丰。企业组成团队，并开始绘制其流程图，以寻找提高效率和质量的方法。计分卡上的指标从30多个增加到50多个。传统的财务和经营指标仍然需要评估，但现在又加进了新的质量、客户满意度和流程改善指标。

在这一阶段，流行的逻辑是：指标越多，你就越能明智地经营企业。企业聘用大批的员工来为月度会议准备各种图表，以便组织能够看到更多的数据。当然，许多企业仍然在使用第二阶段的计分卡。图1.3显示了这一阶段典型的计分卡。

典型的第二阶段计分卡

财务指标

销售收入	毛利润	应收账款	资产/负债	EVA	股票价格
预算	成本	总人数	研发支出	利润	增长

经营指标

生产量	劳动生产率	设备生产率	原材料生产率	新产品数量	培训时间
事故	MTBF	专利	审计得分	准时发货率	

质量指标

低质量的成本	次品	返工	每位员工建议数	质量审计得分
流程	流程	团队数量	鲍得里奇标准/ISO	奖励
顾客调查	产品担保	抱怨	标杆学习	竞争力排名
员工流失率	培训计划完成数量		培训支出/在册员工数	

图1.3　典型的第二阶段计分卡（1980～1995年）

1.1.3　第三阶段的计分卡：包含了来自更多利益相关者的度量指标

1992～1996年间，最早由罗伯特·卡普兰和大卫·诺顿创造的平衡计分卡这一术语开始流行起来，关于绩效指标的新图书大量出版（包括笔者在1996年出版的那本《保持分数》）。企业终于认识到，指标少一些会更好，而且企业需要平衡其指标，以便更好地为各个利益相关者团体（如顾客和股东）服务。这种方法也吸引了医疗保健、教育和政府机构的注意力。联邦政府通过了《政府绩效与结果法案》（*Government Performance and Results Act*，GPRA），这一法案主要是要求政府机构制定绩效指标，以衡量他们为纳税人和其他人创造的结果。由于这一法案，大多数政府组织都采纳了某种形式的平衡计分卡方法。

在过去的 10 年中，大多数组织中的计分卡变得更易于管理。它们更加平衡，关注的指标更少，仅包括顾客、员工和其他得益相关者。甚至连鲍得里奇标准这一被广泛接受的卓越组织模型也用平衡计分卡的方法作为衡量标准（在这一模型中并没有明确使用“平衡计分卡”这一术语）。

今天，典型的平衡计分卡仍然包含着许多滞后的指标，每一个指标都是为了度量绩效的某一个复杂的维度而设计的统计量。例如，员工士气是通过一次年度调查而进行评估的，安全是通过计算事故的数量进行评估的。图 1.4 显示了当前典型的计分卡的内容。

典型的第三阶段计分卡				
财务指标				
销售	利润/EBITDA	增长	成本	库存
顾客指标				
顾客调查	顾客抱怨	市场份额	忠诚度	
内部指标				
生产	周期时间	质量	安全	生产率
学习、创新与增长				
员工调查	培训时间	员工流失率	新产品数量	每位员工建议数

图 1.4　典型的第三阶段计分卡（1996～2005 年）

1.2　APQC 关于最佳度量实践的发现

2004 年，笔者有幸与美国生产率与质量中心（American Productivity

and Quality Center，APQC）共同进行一项重要的研究，以确定大型组织在绩效度量方面做了哪些工作。APQC 为进行这一广泛的研究发出了多份关于企业计分卡以及绩效指标应用的详细问卷，最后收到 80 份回复。

本研究的一个令人振奋的发现是：在接受调查的 80 家公司中，只有 24% 的公司仅跟踪传统的会计和经营指标。这意味着在本次调查中有 3/4 的企业使用更加平衡的计分卡。在度量非传统指标的 76% 的企业中，28% 的企业将其指标集合描述为“平衡计分卡”，28% 应该被认为是一个较低的数字，因为许多公司认为，如果不能严格遵循卡普兰和诺顿提出的 4 个指标类别（财务指标、顾客指标、内部指标以及学习、创新和增长指标），那么它们的计分卡就不是平衡的。

从最初的 80 家公司开始，APQC 将研究目标缩小到少数公司，以便找到能够作为其他企业绩效指标标杆的公司。APQC 在研究中强调了在绩效度量方面与众不同且引人注目的 5 家企业：美国银行（Bank of America）、土星公司（Saturn）、L. L. Bean 公司、Crown Castle 公司和捷蓝航空公司（Jet Blue）。有意思的是，这些公司中既有大型企业（美国银行），又有小型企业（捷蓝航空公司），既有老牌企业（L. L. Bean），又有新兴企业（捷蓝航空公司）。尽管这 5 家企业使用了出色的平衡计分卡，但它们都有进一步改进的余地。换句话说，就算是世界上最优秀的企业也在努力寻找正确的指标，以改善员工的表现和决策的制定。因此，如果你的组织也面临着这一挑战，那么你所在的组织就是一家优秀的企业。

APQC 度量最佳实践研究的结果。该研究的积极成果之一是更加优秀的企业中的计分卡满足下列原则：

- **计分卡应该根据企业的年龄和复杂程度进行调整**。捷蓝航空公司的计分卡对于新创办的企业来说很有效，而美国银行的指标则更加复杂和成熟，因为这家公司已经在银行业中经营多年。
- **计分卡应该与目标和战略相关联**。该研究中较好的公司显示出其愿景、目标、战略与度量的指标之间存在着关联。

- **计分卡应该在其利益相关者之间取得平衡**。记分卡包括 3～5 种指标，如顾客指标、财务指标、运营指标、人员指标和其他类型的指标。
- **计分卡的实施范围不应仅限于高级管理层**。被 APQC 选为标杆的一些公司在多个管理层中实施了计分卡方法。

APQC 考察的 80 家公司使用的记分卡既有第一阶段的，也有第三阶段的。被选为标杆或最佳的这 5 家公司都使用了第三阶段的记分卡，这些计分卡与图 1.4 所示的计分卡相当近似。

1.3 欧洲的绩效管理

采纳更加平衡的绩效度量方法的企业不限于美国。英国 Cranfield 管理学院的维罗妮卡·马丁内兹（Veronica Martinez）博士发表的一篇论文指出，57%的英国企业和 26%的德国与奥地利企业都采用了平衡计分卡。尽管许多欧洲企业采用了这种方法，但马丁内兹博士的研究表明，拒绝这一方法的企业和采纳这一方法的企业同样多。采用新计分卡的企业的经理注意到，使用新计分卡耗费时间、成本高昂、十分复杂、会引起误导，而且非常机械。但是，这些问题并非由于在度量绩效时采用了更加平衡的方法造成的，而且它们都是可以避免的。

拒绝采用新计分卡的原因与提高绩效的战略中存在的不足是一样的：这一过程中存在着许多困难，且十分复杂，有可能存在员工的欺骗行为，而且并不能保证获得高绩效。我们可以用节食和锻炼来说明这一问题。节食和锻炼显然能够提高健康生活的概率。我们都知道，某些人尽管过着健康的生活，但还是去世了，然而，尽管很难做到这一点，但没有人会质疑健康生活的好处。我们可以将这一比喻进行扩展，绩效度量很难做好，但它的回报是巨大的。

1.3.1 当今大多数计分卡存在的10大问题

尽管大多数组织在将更好的指标引入其企业计分卡的道路上已经取得了很大的成绩（花了将近40年的时间），但还有很多事情要做，而最好的计分卡在某些方面也存在着改进的余地。笔者关于开发计分卡的第二本书（*Winning Score*，2000）讲述了最愚蠢的10种绩效度量实践。经过最近几年的观察，笔者认为现在应该有一份新的10大愚蠢行为列表。自2000年起，组织已经拥有了大量的经验和充足的时间来优化其计分卡，因此你会希望它们有大幅度的提高。但遗憾的是，情况并非如此。笔者针对政府和商业机构当前使用的计分卡进行了评估，结果如图1.5所示。我们将在下面对这些问题一一进行讲述。

1. 大多数指标都是滞后的。
2. 没有用于度量伦理道德的指标。
3. 在与目标、战略和指标协同方面仍然存在问题。
4. 计分卡的使用没有超出高级管理层的层面。
5. 大多数高管的奖金没有与非财务指标挂钩。
6. 大多数目标都是随意设定的。
7. 顾客满意度指标仍然不完善而需要改进。
8. 人力资源指标仍然没有任何用途。
9. 在评估绩效时仍然采用幻灯片和电子表格。
10. 计分卡中从未包括能够对组织的成功造成巨大影响的外部因素。

图1.5 当今大多数计分卡存在的10大问题

问题一：大多数指标都是滞后的

计分卡上的绝大多数指标仍然是在度量过去。例如：

- 几乎所有的财务指标都是滞后指标。
- 度量员工士气和安全的指标局限在员工流失率和损失工时的事

故上。

- 经营指标如生产率、次品率和项目的里程碑都是在度量过去。

在优秀的平衡计分卡中，滞后指标应该不超过 1/3，但笔者的观察显示，计分卡上有 75% 的指标在度量过去。尽管滞后指标如销售量、利润和顾客忠诚度的结果也很重要，但它们是最难以管理的指标，因为那已经是过去的事情。

问题二：没有用于度量伦理道德的指标

在过去 5 年中，我们已经看到许多大型组织申请破产保护或者更糟。当你的 CEO 戴着手铐被带走时，你不用看计分卡就知道公司内存在伦理道德问题。但是，尽管人们现在非常看重伦理道德的重要性，但笔者还没有见到任何一家大型企业或政府组织的计分卡上有伦理道德的指标。

问题三：在与目标、战略和指标协同方面仍然存在问题

太多的组织虽然拥有目标和战略，但在计分卡上却没有指标来对它们进行度量。例如，一个组织的目标之一是改善沟通，但却没有办法衡量沟通是否改善了。另一个组织的目标是使员工愿意为其效力，但在计分卡上除了员工流失率外没有其他指标对其进行衡量。另外，组织将数以百万计的金钱花费在软件、管理规划和其他与计分卡上显示改善的指标无关的努力上。

问题四：计分卡的使用没有超出高级管理层的层面

组织中的绝大多数工作都是由工人和主管而不是由高管完成的。但很多拥有卓越计分卡的组织都没有为部门、主管和个人制定计分卡。所有层次的员工都需要一个计分卡，以告诉他们在履行工作职责方面做得如何。和员工分享经理的计分卡与拥有自己的计分卡是不同的。

问题五：大多数高管的奖金没有与非财务指标挂钩

很多大公司的计分卡都很平衡，但高管的薪酬仍然与一大堆滞后的财务指标如增长与利润挂钩。这通常会导致领导者忽视非财务指标。有一些具有超前思维的企业如联邦快递（FedEx）拥有充分的信心将其奖金与客户和人员指标挂钩，但这类企业很少。

问题六：大多数目标都是随意设定的

确立红色、黄色和绿色目标与指标本身一样重要。但不幸的是，许多目标仍然不是参照竞争对手的表现、产业平均水平或标杆制定的。确立的目标过高或过低不会推动企业制定正确的决策或采取恰当的行动。我仍然看到很多目标是凭主观意愿制定的，而没有考虑实现这些目标所需的资源，或者实现一个目标可能会使企业的另一个指标的表现下降。

问题七：顾客满意度指标仍然不完善而需要改进

对顾客满意度和顾客关系的度量应该直接与增长和利润挂钩，但很多组织仍然依赖简陋的调查，而这些调查的频率极低，根本没有价值。另一个常用的顾客满意度指标是顾客抱怨，但这一数据并不是一个良好的指标，因为大多数不满意的顾客并不是抱怨，而是离开。询问顾客会不会向别人推荐你的企业是这一领域的一个新时尚（我们将在后面详细讨论这一问题），但这一问题很少能够获得有用的数据。

问题八：人力资源指标仍然没有任何用途

大多数组织计分卡中的人力资源指标通常都是员工流失率、培训时间和年度调查，这些指标的价值值得怀疑。度量企业文化、知识管理和智力资本的努力令人钦佩，但使用的指标却鲜有准确或有用的。不管这一领域中的指标有多么糟糕，都不会影响企业在知识管理系统、领导力培训、企业文化项目以及团队建设方面投入巨资，而度量其效果的数据并不可靠。

问题九：在评估绩效时仍然采用幻灯片和电子表格

许多组织仍然使用幻灯片进行展示，并利用难以阅读和说明的电子表格来准备绩效报告。可怕的月度评估会议并没有多大改变，就连已经更多地采用了平衡计分卡的企业也是如此。甚至是那些拥有优秀的计分卡软件的组织也没有充分使用它们。市场上还有一些设计低劣的计分卡软件。有一种商业智能（business intelligence，BI）软件使用起来过于复杂，就连我们的顶级国家实验室中的科学家们都不用它。

问题十：计分卡中从未包括能够对组织的成功造成巨大影响的外部因素

飞行员需要关注的重要因素之一是天气。尽管飞行员不能控制天气，但在驾驶舱中没有度量天气的仪表是不可思议的事情，是对安全的威胁，是一个巨大的错误。在企业的计分卡上，度量天气的仪表可能包括经济、原材料的价格、政治动态、特定竞争对手的战略、调节因子、品牌形象等因素。一个优秀的平衡计分卡应该包括这些外部因素，因为它们和企业自己的绩效同样重要。尽管就像飞行员无法控制天气一样，你也无法控制这些因素，但知道它们的存在以及它们对组织的含义有助于你避免混乱。尽管如此，我们很难在公司或政府的计分卡中找到一个这类指标。结果，领导者通常是根据飞机的飞行状况而不是其飞行的条件来制定决策、采取行动。

1.3.2 计分卡最佳实践

尽管不可靠的计分卡指标比好的指标多得多，但还是有一些最佳实践值得一提。有些最佳实践与上面所述的 10 大蠢事正好相反，其他一些将在下面进行讲述。

最佳实践一：消除有缺陷的指标

这可能是计分卡中最普遍的问题。即使所有人都知道一些指标的表现很容易人为操纵，但组织还是将旧指标写在新计分卡上。我曾经在几个不同的军事组织中见到过这种事情，这些组织希望在我为他们设计的新平衡计分卡上加入一个衡量项目计划绩效的指标。这一指标背后的思想非常明确：度量重大项目中重要事项完成的比例。这一指标过去的表现表明，在整个项目的实施中一切顺利，但顾客最大的抱怨是这些组织无法满足重大项目的最后期限。

这一指标的问题是：当项目经理看到无法按时完成时，就会改变或调整原定的完成日期。由于改变了项目的范畴或供应商/卖方出现了延误，他们很容易证明新的最后期限是合理的。在项目的整个实施期间，一切看起来都很正常，直到最后才会亮起红灯，因为无法在最后期限来临时完成项目。这一指标的主要问题是计划日期缺乏可靠性——项目经理很容易调整重要事件的日期，使它们看起来是按时间表执行的。

一家为美国海军建造和维修船舶的企业采用了一种更好的办法。它度量项目范畴、日程、预算的“波动”（churn）或变化量。某种程度的波动是在预料之中并且是可以接受的，但如果变化过大则说明项目规划或项目管理不力。波动很容易跟踪，因为这些数据恰好来自项目管理软件，而所有人都是利用这些软件来监控项目的进展。

当允许人们选择他们自己的绩效指标时，就会出现这样一种趋势：他们会选择使自己看起来很好或容易操纵的指标。一个客观的外部服务商如顾问将有助于最小化这种自私自利的做法，但人们很容易用花言巧语骗取顾问的同意或说服他们：建议采用的指标是合理的。出于同样的原因，内部服务商通常受到高层管理者的压制。结果，新计分卡并不比老计分卡更好。人们每个月都去开会，看着那些红色、黄色、绿色的图表，但他们都知道，实际绩效与这些报告反映的情况大不相同。

对这一常见现象的解决方案是利用由内部或外部专家组成的独立小

组来评估提议采用的指标，看一看数据是否存在可靠性问题。你也许可以将你草拟的计分卡交给几位外部专家，请他们花一两天的时间评估一下指标并提出反馈意见。让你自己的人做这件事也是一个不错的主意。采用这些方法进行评估可以很容易地将不好的指标清除出去。

最佳实践二：频繁进行度量

世界上没有一家企业认为每年只应对财务绩效进行一次评估。相反，大多数经理和企业家每天都对财务和经营指标进行评估。对某一事物的度量越频繁，你对它的管理能力就越强。例如，糖尿病患者每天要数次检查其血糖含量，有些人每天都会测量血压。幸运的是，大多数企业和政府机构似乎对每天或每周度量财务及运营指标没有疑义，也能接受由此所带来的成本和花费的时间。

另一方面，对于同一家企业，如果你询问他们对于顾客满意度、员工满意度以及其他“软性的”但对企业十分重要的指标的度量频率，他们通常会说是“每年一次”。实际上，与笔者合作过的一家企业每隔一年才会评估一次员工满意度。如果企业上一年的得分降低了，高管们就会忙于提高员工士气。当被问到事情进展如何时，他们会回答说：“我们不知道，还要再等 20 个月才能获得数据。”在这样长的时间框架下，这一组织可能会浪费大量的金钱和时间，所做的事情却对提高员工满意度无任何好处。

笔者在此要表达的是：有些指标十分重要，必须进行度量，而且需要频繁地进行度量。年度指标近乎于毫无价值，它们的作用更像是历史研究而不是绩效度量。当然，你对某一指标度量的频率越高，付出的成本也就越高。我们面临的挑战是如何在不花费很多钱的情况下对绩效进行度量。这是非常实际的，也是可行的。

例如，我的一位客户过去每年花费 10 万美元请某些大学对其员工满意度进行调研。一个团队想到了这样一种每天度量员工士气的方法：给每位员工发一袋子大理石块，里面有红色、黄色和绿色的大理石。每天下班的时候，员工根据自己这一天的感受向一个花瓶里投入一块大理石（红色表示今天非常糟糕，黄色表示今天还算不错，绿色表示今天非常好）。每天早晨，老板的助手都会按部门计算一下大理石的数量，如果前一天红色或黄色的大理石数量很多，部门经理就会和他的下属谈话。整个系统实施起来每年的成本不超过 1000 美元，却提供了各部门的员工士气统计数据，迫使经理每天与其下属讨论工作条件和其他问题。

我的另一位客户每年花费 10 多万美元进行年度顾客调研，以此来编写出一份宏大的报告，并获得每年一次的数据。该公司还发现，顾客满意度数据与顾客忠诚度无关。为了修正这一矛盾，公司采用了一个“顾客恼怒指数”（customer aggravation index），并每天进行跟踪。这一指数度量运营和质量问题（这些指标早已处在监控之下），以及会令顾客发怒的事件如在给呼叫中心打电话时被挂起、发货不准时、发票错误等。公司发现了顾客愤怒的程度和忠诚度之间的直接联系。换句话说，这一指标证明了混乱以及令顾客发怒会使顾客购买其他公司的产品——通常对填写愚蠢的调查表没有兴趣。这一指标的实施成本很低，因为顾客的大部分不满都已经被跟踪了。

最佳实践三：保持简单

我不知道与我合作的组织中有多少家已经设计出了结构合理、指标平衡的计分卡。这些计分卡在设计上远优于被 APQC 选出的可以作为标杆的 5 大公司的计分卡。但是，这些组织中的绝大多数都未能建立起自己的计分卡，因为无法为这些指标收集到数据。

使计分卡过于复杂在拥有众多工程师的技术型组织中似乎更常见，但情况并非总是如此。例如，政府的几个社会服务型组织在其计分卡设计过程中没有请任何工程师参与。组织希望度量所有类型的重要指标如伦理道德、客户关系以及智力资本，这一想法很鼓舞人心，但最终证明这些“软指标”很难度量。对于一个组织来说，设计一份能在下一年收集到数据的 12 个指标的计分卡，比设计一份拥有 22 个指标但只有 6 个指标能够收集到数据的计分卡更合理。

在设计计分卡结构时，有两种方法非常有效。第一种方法是利用一些你能够在未来 6~12 个月内输入数据的指标进行设计。要知道，随着越来越精通于指标的设计与执行，你随时可以增加新的指标。让人们同意这一点可能很困难，但应该随时提醒他们：计分卡要随时间的变化而不断演进和改变，因此没有人会希望它第一次就十分正确。

设计计分卡结构的第二种方法更有效，即利用领导者希望而且需要关注的所有指标建立计分卡，但在几年内逐渐完成。圣克拉拉山谷水利局（Santa Clara Valley Water District）就采用了这种方法。其 CEO 的计分卡包括大约 20 个指标，但需要至少 3 年的时间才能获得所有指标的数据。该组织制定了一个计划，先为大约 10 个指标收集数据，然后在 3 年内获得所有指标的数据。但是，大多数组织的计分卡在 3 年内发生改变的可能性仍然很大。新的问题和挑战出现了，老板改变了，新的目标被制定出来，所有这一切都会使组织绩效度量发生改变。

最佳实践四：继续做下去

计分卡项目面临的另一个常见问题是“分析瘫痪”（analysis paralysis），换句话说，就是每个人都想对计分卡的设计评头论足并增加、删减或在某种程度上改变其中的指标。在大多数时候，这些建议都是合理的，值得考虑。但是，要知道，这些评论在很大程度上减缓了计分卡的设计过程。

例如，一家海军机构在一年中对司令官的 4 份计分卡草案进行了评估。每次评估都是由一个新的小组实施，并进行一些修改。为了获得尽可能多的人的反馈，领导者希望获得许多数据。尽管从理论上说这样做很好，但实际上却几乎无法实施。计分卡项目最终在设计阶段抛锚了，指标也从未建立或实施过，因为设计师们在不停地重新绘制蓝图。

一种更好的方法（我的几家客户采用了这一方法）是告诉位于一线的人们，这一计分卡只不过是最初的草稿，随着组织不断成熟，每年都会对其进行修订和改善。有效采用这一方法的组织之一是洛杉矶市人力资源开发部（City of Los Angeles Workforce Development Division），该机构指派两位最优秀的员工来设计其新的计分卡，并利用半天的时间和高级管理层对其进行评估，然后继续进行每个指标的设计，并制定了数据收集计划。人们对这一方法感到很轻松，因为他们知道，指标和计分卡的设计每年都会完善。他们认识到，错误是难以避免的，是设计过程的正常组成部分。

“继续做下去”这种方法比月复一月地对计分卡结构和指标的设计进行评估要好多得。一旦你发现指标没有用处，就应该立刻对其进行修改，而在设计阶段将改变最小化。Carrier Team One 是笔者的一家客户，负责维护航空母舰，它采用了这种方法，并在过去几年中在数据的实际收集方面取得了很大的进步。

1.4　第四阶段计分卡：2006 年以后指标更加平衡

图 1.6 显示了典型的平衡计分卡。第四阶段的计分卡有一系列特征：

- 预测性指标更多，滞后性指标更少。
- 高管计分卡上的单一指标（singular metrics）很少。
- 指标与目标、战略和计划更加协调。
- 所有的改进努力都与一个或多少计分卡指标相关。
- 计分卡不再仅为领导者和经理所设，所有层次的员工都需要计分卡。
- 计分卡数据不再借助幻灯片和电子表格以电子的形式进行展示。
- 计分卡上的指标都是用于经营企业的实际数字。

- 高层级的指标由一系列次级指标构成。
- 利用战略规划和调研来开发流程和最重要的指标。
- 绩效评估会议审核的是实时数据，而不是历史数据表。

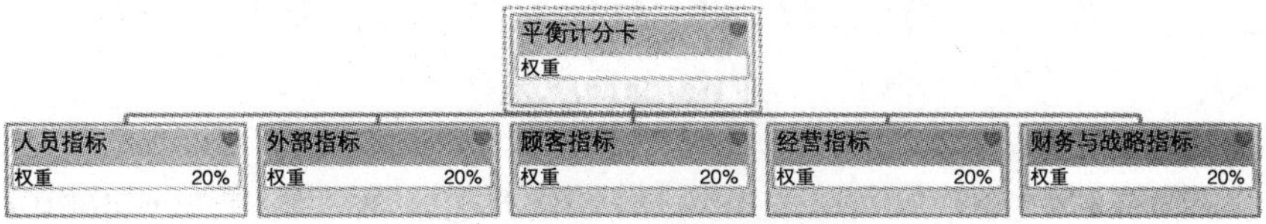

图 1.6　典型的第四阶段计分卡

1.5　本章小结

绩效度量与管理在欧美都已经被接受。大多数具有超前思维的企业和政府机构采用的度量指标都不仅仅包含滞后的、传统的财务和经营指标。然而，许多计分卡项目由于设计不佳或执行不力而失败了。相比之下，成功的项目具有如下特征：

- 消除了有缺陷的老指标，并用更完善的指标代替它们。
- 包含了能够频繁跟踪（每月或每季度）的指标。
- 计分卡结构简单，便于执行。
- 关注对新指标的实际跟踪，而不是不断修改计分卡以使其达到完善。

现在，你已经知道了第四阶段计分卡是什么样子，可以开始学习如何构建一个新型的指标——分析型指标（analytic）。第 2 章将解释为什么这一新的指标比个别的统计指标具有优势，以及如何构建各种类型的分析型指标以提高你的商业智能。

第2章
分析型指标:跟踪组织绩效的新方法

人们总是乐于寻找一个神奇的数字，期望它能告诉我们想要知道的所有事情。例如，很多人都很关心自己的体重，每天都要称一次，当今天的体重比昨天重了几磅时，他们会感到十分困惑。还有一些人总是关心自己的胆固醇含量或血压，并且定期对它们进行监测。商人也关注数字。绝大多数商人期望每天定期监测销售数字，至少每周定期监测成本以确保其公司是盈利的。然而，评估一个企业或一个人的健康水平并不像仅着眼于一些好的统计数据那样简单。

本章首先回顾了典型的绩效数据类型，这些绩效数据是大多数组织都会监测的，随后又回顾了近年来一些“风靡一时”的度量指标，最后定义和描述了分析型指标（analytics）以及使用这些方法的好处。

2.1 绩效数据的类型

度量任何工作（无论是工人的工作还是 CEO 的工作）的绩效都需要四种绩效数据。下面将详细描述这四种数据。

2.1.1 观测到的绩效数据

观测到的绩效数据（observational performance data）也叫“走动数

据”（walking around data）。通过深入到组织中进行亲身体验，你就可以在很大程度上了解组织是如何运营的。这类数据非常容易获得——特别是当人们并不知道你在观察他们的时候。

星巴克（Starbucks）和捷蓝航空公司认识到了这类数据的重要性。这两家公司均要求其高管每月去第一线待一段时间。星巴克公司的高管在实际的店铺里工作，倒咖啡、接订单，甚至偶尔还会倒垃圾。这就使得公司的高管们了解了客户、雇员和公司运作的真实情况。捷蓝公司采用了相似的方法（除了不要求其高管开飞机或装卸行李之外），该公司的高管每个月都要作为普通乘客在某一航线上飞行几次。沃尔玛（Wal-Mart）的创始人山姆·沃顿（Sam Walton）同样赞成这种管理方式，同时，他也时常帮助码头工人卸车或去店铺里回答客户的问题。

花费时间去生产一线，并且睁大你的眼睛、竖起你的耳朵，这些事情是不可替代的。这类数据至关重要，管理人员应当定期采集这一类型的数据。

2.1.2 进度报告数据

进度报告数据（progress report data）比仅通过四处走动和观察所得到的数据更具完整性。为获取这类信息，你必须向人们进行询问。我们都曾经参加过这样一些会议，在这些会议上，只考察进度报告数据。例如，老板围着桌子询问每一个销售人员现有客户的情况及其出价与前景问题——换句话说就是问：“进展如何？”

这类数据被用来评估组织中各种类型的活动——比我知道的多得多。人们很快学会了如何保持报告的实际性和简洁性，因此老板也不会开始询问第二或第三层次的问题，如：“朱蒂，我们花费了 600 万美元所从事的六西格玛规划进展如何？”这类宽泛的问题会导致宽泛的回答，并不能说明任何事情。例如，朱蒂的回答可能是：“很好，先生。我们已经在培训黑带人员方面取得了很大的进展，而且我们正在跟团队中最棒的成员一起评估和改进主要流程的第 13 步。”但是，这种回答是一个进展报告，它只是一个概括性的描述，没有阐述任何关于实际绩效的具体细节。

然而，进展报告数据也是有用的。试图将所有事情利用统计方法呈现在一个图中是不合理的，也是不可行的。有时，这种类型的数据就能够完整地回答“进展如何”这一问题。例如，对小企业而言，其运营所需的数据大部分是这类数据。老板通常也是一名工作人员，他或她会通过每天所从事的日常工作获得很多观测数据。而那些无法通过实地工作和观测所得到的信息，老板可以通过询问获得。小企业关注的唯一一类统计数据就是财务数据。

2.1.3 研究结果

研究结果（study result）数据来源于研究、审计、评估或咨询项目（目的在于对企业绩效的某一方面进行调查）。例如，为了评估当前产品组合中某一新型产品的潜在市场规模，需要进行一次调查研究。再如对领导力开发项目的有效性所做的人力资源研究，可能需要雇用外部咨询人员进行评估，并获得关于项目有效性的定性和定量数据。研究和调研非常重要，能够对组织可能存在的重大问题提供定量的答案。

然而，研究结果与计分卡上的度量指标并不一样，因为它们通常代表的是一个单一数据点（single data point）。例如，假设你进行了一项研究，并因此发现你安装的新软件并不能产生销售人员所承诺的高额投资回报率（ROI）：这是一个事实，或是一个单一数据点，并不是一个在计分卡中持续度量的指标。该研究已经提供了你想要的信息。研究结果与计分卡度量指标的区别在于：研究是一些特定项目，目的在于发现某些事情；而计分卡则为组织提供了日常经营成果的数据。

2.1.4 可计量的计分卡绩效数据

第四类数据由数字组成，这些数字或者来自于可计算的事物（如金额、抱怨或丧失的客户），或者是要求某人通过在某种范围内（如调查、焦点小组等）对绩效进行评级而做出判断。为获取此类数据，你必须制定一个数据采集计划［通常是一种方法（instrument）］，并将这些数据集中绘制到某一类型的图表中。为使这类可计量数据有意义，你必须确立目标或范围以界定什么是好的绩效。

随着规模的扩大，组织往往要采集更多的此类数据，进行更多的研究。事实上，很多组织都聘用了一些会计师、统计人员、工程师或其他人员并组成小组，他们的工作就是度量和报告各种各样的数字。甚至只聘用一个人的组织，也需要这类可计量的绩效数据。例如，我度量了一些财务统计量（如收入和应付账款），同时也度量了重复参加我的研讨班的客户和听众，并且发现书的销售量是我的咨询和培训业务的主要指标。即使是一个小组织，也需要弄明白很多绩效数字，而且这些数据不应该都是财务方面的。

计分卡、“仪表板”等都只不过是这些可计量绩效指标的汇集。但是，需要强调的是，世界上最好的计分卡也不能取代其他三类数据。如果你将所有的时间都花费在会议上或在办公室中观看你的计分卡的话，那么你很可能会遇到一些麻烦。换句话说，你将与公司的运作脱离。提高绩效度量的完整性和真实性，将有助于你制定更好的决策和更卓越的战略，但它并不能取代其他三类数据。这四类数据的重要性是相同的。

2.2 近来流行的度量指标

近年来，一些新出现的度量指标受到了商务人士的追捧，但最后这些指标令他们非常失望，因为这些新的度量指标并不能告诉他们想要知道的所有事情。例如，还记得质量成本（cost of quality）吗？这是在 20 世纪 80 年代后期出现的一个受到很多人欢迎的新度量指标。菲利普·克劳士比（Phil Crosby）曾通过向组织传授如何计算低质量产品和服务的成本而获取了几百万美元的收入。很多组织将该指标纳入高层管理者的计分卡中，而这些高管也随时监控这一指标。许多高管建立了大量的团队，以期减少低质量带来的成本。这一指标背后的理念是可靠的，但现在已经不再将这一指标纳入组织的计分卡中，原因在于它缺乏真实性（integrity）：人们可以轻易地操纵这些数字，比如不把返修记为返修。该指标于1995年淡出，但在六西格玛项目中作为节约成本的方法而复活。质量成本这一新的化身与以前的指标基本上是相同的，只是比其更具真实性。不论是采用新指标还是采用旧指标，我们很难在银行账户中看到其承诺的成本节约。

2.2.1 客户满意度调查

这是过去20年来深受欢迎的另外一种度量指标，最早的使用者是一些汽车公司、旅馆和酒店，而现在几乎所有的组织（包括你的牙医到你孩子所在的学校）都递给你一张调查表来调查你对他们的满意程度。

与上面的指标一样，其想法很好，但执行起来却很糟糕。很多组织发现，虽然客户满意度提高了，但公司盈利却未见提高。事实上，一些组织还发现二者之间存在着相反的关系。当企业花费越来越多的金钱以满足客户需求时，盈利却在下降。很多组织甚至根本没有找到客户满意度与忠诚度之间的联系。当别的地方提供了一个更为诱人的购买条件时，满意度上显示为“幸福客户”（happy customers）的那些客户仍然会离你而去到别的地方购买相同的产品。

同样，客户满意度数据仍然可以通过下列方法进行操纵：只调查那些“幸福客户”，设计的问题只会得到令人满意的答案，或者对在调查中对公司评级较高的客户给予适当的激励。例如，参加我的研讨班的一些人曾向我讲述了汽车零售商为使客户在满意度调查中给予较高的评级而向客户提供免费服务（如汽车装饰、汽油兑换券等）。

2.2.2 经济增加值（EVA）指标

近年来，这一指标非常流行，以至于登上了《财富》杂志及其他经济杂志的封面。据说与传统度量指标（如盈利或息税折旧摊销前利润）相比，EVA 能够更准确地反映公司的财务绩效。EVA 中包含了传统利润度量指标中未曾涉及的资本成本和其他一些因素。这一新指标的发明者写了一本 800 页的书，书名为《对价值的探寻》（*The Quest for Value*），但却没有一处能明确地告诉我们如何计算 EVA。事实上，EVA 的计算包含着许多技术上的难题，只有那些最有经验、要价很高的管理咨询师才能够计算。因此，很多大型公司花大价钱雇用这些咨询师为公司计算 EVA 也就毫不奇怪了。当公司不再愿意向这些咨询师支付大量金钱时，也就表明这一指标不再受到欢迎。同时，EVA 指标遇到的最大难题是：没有人理解它。任何一个复杂到需要聘用咨询师来计算的度量指标都不可能在公司的指标列表中保留太久。我还从未见过或听说过有哪家公司使用 EVA 指标超过 5 年。

2.2.3 推荐意愿调查

与那些需要顾客回答一长串问题的调查相比，推荐意愿（willingness-to-recommend）调查只向客户提一个问题：“**在 1 到 10 分的范围里，你向别人推荐这项产品或服务的意愿是几分**？”

通用电气公司（GE）很喜欢采用这一新的指标，其首席质量官（chief quality officer）在接受《商业周刊》的采访时说：“这一指标将同六西格玛一样长盛不衰。”

与将客户满意度调查中的 10 ~ 20 个重要性各不相同的问题的评级平均值加总相比，这一新指标更有意义。运用底线法（a bottom-line approach），并询问客户是否愿意向别人推荐你的公司，这种做法很有意义。对公司的评分为 9 ~ 10 分的客户是公司的重要支持者，他们很可能向别人推荐你的公司；而评分为 1 分或 2 分的客户很可能是公司的恶性批评者。《商业周刊》的一篇文章中写道：使用这一度量指标的公司都发现，推荐意愿指标与收入之间存在着相关性。

推荐意愿调查最具吸引力的地方是它非常简单（simplicity），但问题在于：该指标采集的仍然是某一时间点上的一些不太可靠的、主观的数据。例如，某天你问我对我的经纪人的推荐意愿如何，而我对他的评级在很大程度上会受到当天我的投资组合绩效的影响。同样，我对一个连锁宾馆的推荐意愿在很大程度上将受到最近一次入住情况的影响。如果在我的“引擎故障灯”（check engine）亮过三次之后，汽车公司来电话询问我，则我的推荐愿意将大大不同于“引擎故障灯”从未亮过的时候。

从根本上说，这一指标建立在调查的基础上。这些调查度量的是人们的感知（perception）和想法。然而，人们说的跟做的常常不一致。例如，最近我租用了一辆起亚（Kia）的 Amanti 型车，并且对其舒适度、加速性能、音响系统、风格以及价值非常满意。它看起来像一辆价值 5 万美元的车，但实际其价格还不到 2.5 万美元。我很乐意在 Amanti 的“推荐意愿调查表”上给一个 10 分，但却永远不会买一辆 Amanti 来替代我现在的那辆经典的英国车。所以，这样看来，我在“推荐意愿调查表”上 10 分的评级并不能给起亚公司的银行账户增加 1 美元的收入。

一些组织非常热衷于这种单一的问题调查，并且将这一方法运用到对公司员工的调查上。例如，卡特彼勒财务服务公司（Caterpillar Financial Services，CFS）对其员工提出了一大堆调查问题，却只对最后一个问题的答案感兴趣：将 CFS 作为一个优秀的工作场所推荐给别人的意愿有多大？

同样，一家制造业公司近来向我解释，他们在过去的调查中使用了 12 个经过精心设计的问题，用来调查雇员的士气，每年进行一次。而现在，公司只要求雇员回答一个问题：对公司的推荐意愿有多大。尽管该公司每月都挑选部分员工进行一次调查（显然这比每年调查一次得到的结果要好），但是调查表中只包含一个问题。如果雇员的推荐意愿下降了，公司并不知道其中的原因，也不知道应当如何改善。而在某一日期所做的调查，很可能会扭曲整个月的调查结果。

这并不是说单一问题客户调查或单一问题雇员调查存在什么问题，而只是提醒我们，这样的调查只能作为我们度量客户满意度或雇员满意度的指标之一——而不是唯一的一个！仅仅根据人们对一个问题的回答就对客户满意度或雇员满意度等十分重要且复杂的指标做出判断，将是非常冒险的。

2.3 简单性的诱惑

上述所有度量指标都存在一个问题，即：任何一个单一的指标都不能提供足够的信息帮助组织明晰其实际上是如何运行的，也不能帮助组织判断其绩效降低的原因。例如，如果推荐意愿降低了，或者质量成本上升了，你知道其中的原因以及如何应对吗？传统的度量指标（如销售量）发生变化该如何应对？就算只是试图判断为什么销售目标没有实现，都需要收集大量的额外数据。

我们很容易理解简单的、新的度量指标的吸引力所在。如果我们只是需要关注几个图表——就像开车时只需要关注速度表和油量表一样，那么工作将简单很多。事实上，平衡计分卡最大的吸引力就在于其简单性。但是，即使经营一家小公司，也是一项非常复杂的任务，需要很多的信息。

卡普兰和诺顿的《平衡计分卡》（1996）一书及美国生产率与质量中心（APQC）2004 年所做的调查给予我们最大的教训之一是：他们认为度量指标越少越好。实际上，两者都推荐使用 12 ~ 16 个度量指标。但是，使用这种比较简单的方法的不利之处是：如果一些重要的指标和事实没有包含在这一拥有 16 个度量指标的计分卡内，那么它们就会被忽略。

试图通过观察几个过分简化的统计数据来经营一家复杂的企业，这与定期审核 50 个图表的风险是一样的。经营一家企业需要收集和审查各种各样的财务数据，只有彻头彻尾的傻瓜才会只是关注一个数据（如销售数字或增长数字）。然而，有很多聪明的管理者仍然只关注某一单一的度量指标（如推荐意愿指标），以此作为对公司客户满意度的唯一度量。

同样，运用包含50个或更多度量指标的计分卡也不是解决问题的办法。例如，APQC选择了5家公司，这5家公司所使用的计分卡被认为是全美国最好的、第三阶段的计分卡。计分卡上所有度量指标都对绩效的某一单独方面进行了度量。这5家公司的经理和执行官们每月都在会议上分析这些记录着公司绩效统计数据的电子数据表和幻灯片，而这些指标都滞后指标。然而，公司绩效是多维的，很多复杂的内容（如财务的健康度、雇员的士气、风险、安全性或客户满意度）无法通过几个简单的统计数据（如销售量、单一问题调查或员工流失率）来度量。

我们越是试图简化公司的计分卡，越是不能从计分卡中获取更多真实的商业智慧（business intelligence）。而且，购买最新BI软件也不是解决问题的方法。唯一的方法是在计分卡中包含足够好的度量指标和数据，而一些BI系统中包含了很多存在缺陷的度量指标。在复杂与简单之间寻求最佳平衡的最好的办法是分析型指标（analytics）。

2.4 什么是分析型指标

分析型指标就是公司“仪表盘”上的仪表，用以告诉管理者们组织是如何运营的。分析型指标是一些数字、统计数据或度量指标，但它与构成多数公司计分卡的度量指标不同。分析型指标重点关注绩效的特定方面，并由一系列次级度量指标（sub-metrics）组成，各次级指标用来度量组织绩效的一个不同的部分。同时，根据各自的重要性、真实性和可信度，单一分析型指标中的每一个次级度量指标被赋予不同的权重。

根据这一定义，尽管毛利（gross margin）是由销售额和费用（费用又可以进一步分成人工费、原料费以及其他次级成本）构成的，但它并不能作为一个分析型指标。毛利的这些次级度量指标都是以货币数额进行计量的。相比之下，分析型指标是由一些次级度量指标组成的，这些次级度量指标都是一些不同的变量，而且通常是指标的组合（units of measurement）。如果某一次级度量指标在分析型指标中被认为比其他指标更有效，那么它可能被赋予较高的权重。

2.5 分析型指标举例

要理解分析型指标是什么以及它与传统的组织绩效度量方法有哪些区别，最简单的切入点是从一个个人的例子开始。假设你希望构建一个简单的分析型指标，以回答“我有多健康”这一问题。一种选择可能是仅仅测量你的胆固醇指标，但是这样一个单一的数字很难全面地说明你的健康状况。为了便于说明问题，我们假定分析型指标中包含健康的五个方面，并尝试在领先次级度量指标和滞后次级度量指标之间取得平衡。图 2.1 中显示了我们在健康分析型指标中所使用的五个维度，每一部分都根据各自的重要性赋予不同的权重。

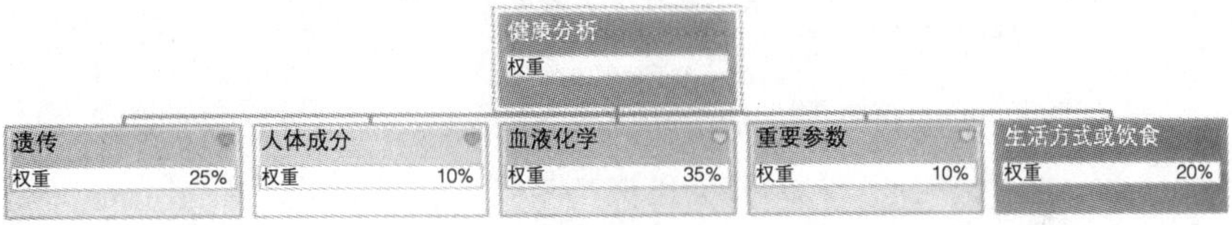

图 2.1　身体健康度分析型指标示例

在健康分析的五个次级度量指标中，每一个都可以再划分为第三级度量指标。例如，生活方式度量指标可能由对饮食、睡眠、运动和压力的度量组成；血液化学度量指标可能包含对胆固醇、甘油三酸酯和其他被赋予最高权重的一些因素的度量，因为它们是健康和长寿最主要的决定因素。遗传是一个非常重要的因素，但它却是一个滞后因素，我们对它无能为力——你不能更改自己的父母。

生活方式度量指标是这些次级度量指标当中最具前瞻性的，也是你最能改变的一个指标，因为这一指标可以分解为对你的行为的度量。事实上，生活方式的改变（如饮食、运动、食用维生素以及处方药品的改变），能够对人体成分、血液化学、重要参数（如血压、静息心率）产生正面的影响。然而，生活方式度量指标也是最缺乏真实性的。人们总是喜欢高估自己的运动量而低估自己吃了多少。而人体成分、血液化学、重要参数这三个指标都是非常真实的，因为对它们的测试都是通过专门的仪器来进行的。

现在我们来看一个公司的例子。假设我们希望就组织财务的健康度构建一个指标或一个分析型指标。财务健康度分析型指标可能包含如图 2.2 所示的绩效维度。

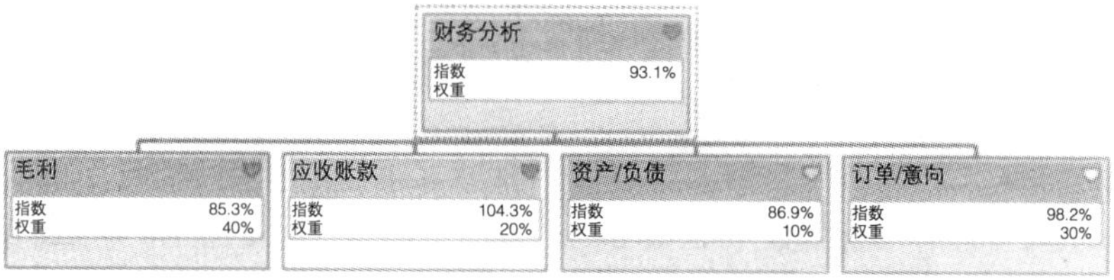

图 2.2　财务分析型指标示例

这一财务分析型指标十分平衡，因为它包含了对过去的度量（毛利）、对现在的度量（应收账款和资产/负债）以及对未来的计量（订单/意向）。就像身体健康度分析型指标中的“遗传”度量指标一样，毛利非常重要，权重也很高，但你却无法更改上月的毛利额。在这四个度量指标中，我们最能施加影响使之发生改变的，是订单/意向这一度量指标。这一指标对销售额和现金流都有影响，而且对资产的增加也会有所帮助。

分析型指标的特点。图 2.3 中列示了分析型指标的几个特点，这也是分析型指标有别于传统绩效度量指标的主要原因。

1. 每一个单一分析型指标都回答了有关组织健康度或绩效的某一重要问题。
2. 组织的一个计分卡由 12 ~ 20 个分析型指标组成，这些分析型指标又构成了 4 ~ 6个高层次的分析型指标。
3. 分析型指标由更低层次的度量指标构成。
4. 在分析型指标发挥作用前，需要为其确立目标或目的。
5. 每一个次级度量指标都是不相关的，而不只是相同度量指标的进一步分解。
6. 各不相关的分析型指标之间的关系可以根据时间和试验进行确定，这样可以帮助领导者更好地预测绩效，并更明智地分配资源。
7. 分析型指标不能取代在经营组织过程中获取的经验数据、观察数据以及个例数据。
8. 分析型指标为企业提供了数据，有助于评价组织每一个进步的动机和战略。
9. 为了使分析型指标更有价值，我们需要一些软件工具。即使是小公司也能买得起这些工具。
10. 随着组织搜集的数据越来越多、经验越来越丰富以及员工在度量和分析绩效方面更加成熟，分析型指标每年都会不断改善。

图 2.3　分析型指标的特点

2.6　为什么分析型指标比单一度量指标优越

分析型指标比单一度量指标优越的原因在于：与对某一绩效要素进行单一度量相比，分析型指标为绩效的某一方面提供了更好、更全面的评价。例如，你永远不可能仅通过度量油压来评价汽车的性能，也不可能仅通过测量血压来判断自己的健康水平。

同样，一个组织也不能通过某一单一度量得出的数据来评价诸如客户满意度或产品质量等复杂的因素。而选择度量 50 个或 60 个不同的因素也是不可行的。分析型指标则提供了对绩效的更平衡、更全面的评价，因为它们基于 3 ~ 6 个不同绩效维度的具体指标，而这些度量指标分别被赋予了不同的权重。包含 16 个分析型指标的计分卡可能由 100

多个次级度量指标组成，但这些次级度量指标分不同的层级，只有当问题出现时，我们才需要对其进行详细的分析。

2.7 基于分析型指标的计分卡的缺点

包含几个分析型指标的计分卡唯一真正的缺点在于：太复杂，同时人们很难为其做出解释。很多人要花费一些时间才能习惯于分析型指标，并理解它的含义。一些人会不自觉地每次都想要将指标分解为较低层次的次级度量指标，只有这样他们才能想起分析型指标是由什么组成的。另外一些人则需要学会信任各个分析型指标中所显示的警示。细节导向型的技术人员（如工程师、会计师和科学家）比较喜欢分析型指标，并且能够通过着眼于一个概要性指标（summary metric，由几个单独的绩效计量指标所构成）很快地抓住分析型指标内在的逻辑。其他人员可能讨厌这种方法的复杂性，而更喜欢使用他们过去依赖的几个单独的绩效计量指标。让这些人相信分析型指标计分卡的办法是：让他们知道，自己所信赖的那些度量指标仍然反映在计分卡上，只不过是包含在构成概要性指标的第二层级或第三层级指标中。

例如，最近，我的研讨班中的一个人曾这样批评一张基于分析型指标的计分卡："由于计分卡上的 15 个分析型指标每个都是由 2 ~ 5 个次级度量指标构成的，所以实际上这张计分卡包含了超过 75 个度量指标。更有甚者，这些次级度量指标中有很多还包含了一些更低层次的度量指标。"事实确实如此。但是，如果 CEO 的计分卡中包含了 15 个分析型指标，而且每个分析型指标的结果都是"绿灯"，没有出现任何"红灯"或"黄灯"的情况，那么他就完全没有必要分析第二层级或第三层级的指标。但是，一旦出现问题，不进行深层次的分析则无法确定问题所在并判断问题产生的原因。

> 与基于单一度量指标的计分卡相比，基于分析型指标的计分卡为组织提供了更全面的绩效评价。

2.8 分析型指标如何改变组织审核绩效的方式

你将发现的最大改变是：你不再需要每月都花费大量的时间准备图表，以供那些令人紧张的月会来审核。PPT 图表以及电子表格都不能用来提供分析型指标所需要的数据。相反，由一个人带一台笔记本电脑参加会议，登录到公司绩效分析数据库中，然后向所有人展示出实时的绩效情况。如果某一方面的分析结果是黄色的（即处在问题边缘），或者是红色的（即表示存在问题），则该分析人将需要进一步对各次级度量指标进行深层次的挖掘，直接确定为什么总体分析结果是红色的或黄色的，以及该如何做以解决存在的问题。这种工作方式，使公司不再需要为每月召开的会议预备材料，所节省的花费，往往比一年内为计分卡软件所支付的费用更多。

同时，你很可能还注意到了另外一件事，即员工们操纵绩效度量分数的难度越来越大了。当组织集中关注某一具体的度量指标时，员工们往往只关心如何使该指标看起来良好，却常常牺牲了绩效的其他方面。一个好的平衡计分卡应当处理好这方面的问题，但在实际中往往做不到这一点。分析型指标能够更好地推动员工采取公司所期望的行动，并优先考虑重要事项，同时减少操纵或欺骗。

2.9 计分卡可以同时包含分析型指标和单一度量指标

将分析型指标和单一度量指标同时包含在一张计分卡内，或许是将分析型指标的观念引进组织的最佳方法。你的第一份分析型指标计分卡可能包含12个独立的度量指标和4个分析型指标；而一段时间后（如3年或5年后），你的计分卡可能变成只利用分析型指标作为度量指标了。

在决定花费多长时间分阶段采用这一新方法进行度量时，应重点考虑组织的绩效及变革的意愿。例如，一家存在重大问题的公司，可能需要迅速采用这样一种基于分析型指标的计分卡，以做出正确的决定并确保公司的生存；而一家并未感受到威胁的公司则可能用几年的时间来推广这种方法。

计分卡中最可能包含单一度量指标的部分是财务部分。很多深层次的财务统计数据（如利润、未计利息、税项、折旧及摊销前的利润或毛利）都是很多数字的合计数，但它们并不是真正的分析型指标，因为所有的数据都只是对收入的计量。

2.10 最适合分析型指标的绩效维度

对实施分析型指标而言，最适合的绩效维度是那些无法通过一个或两个数字进行评估的、复杂的组织特性。例如，组织的财务健康度就是通过考察大量的因素确定的。那么，当试图通过分析型指标对公司未来的绩效进行预估时，就需要研究大量的财务统计数据及指标来确定当前及未来组织的健康度。

员工满意度同样是一个无法通过一两个统计数据（如离职率）进行评估的绩效维度。而劳动生产率、大项目中的重大事件、成本的减少等因素是可以通过某一单一度量指标而非分析型指标进行度量的绩效维度。

单一的度量指标还适合于一些与重要客户或利益相关者的需求相关的、较为客观的指标的度量，如航班准时着陆率以及维修技术人员的正确操作率。

2.11 分析型指标中数据如何列示

分析型指标总是由 1 ~ 100 的评分来表示，其中 100 分表示最佳的绩效表现。这是任何人都能明白的一个评分，而且它的评分范围足够大，能够满足大范围绩效评估的要求。分析型指标的一个优点在于：它允许你将不同的度量指标综合在一起。例如，在采用分析型指标对一个计算机服务公司的客户满意度进行分析时，可以包含三个独立的度量指标：

1. 对寻求帮助/解决问题做出响应的周期时间（以分钟计）。
2. 24 小时内（或更短的时间）处理完毕的故障单（以百分比计）。
3. 通过电话调查得到的客户满意度评分（按平均评分度量，评分范围为 1 ~5 分）。

要将上述三个相关却不同的度量指标合并在一个分析型指标中，就需要将绩效评分转换为 100 分制。例如，5 分制中的 4 分相当于 100 分制中的 80 分。第 3 章将详细介绍如何使用分析型指标指标构建并计算绩效指标。

2.12 可以用来隐藏保密信息的分析型指标

并非所有的组织都希望将其所有的数字全部展示给员工和合作者，但是，他们同时还需要说明组织是如何运营的。使用分析型指标能够确保组织与员工及合作者分享必要的信息，而同时保护不希望披露的信息。

例如，一家私人建筑公司发现，计分卡上的分析型指标确保了公司与外界就一些较为敏感的财务度量指标进行沟通（如利润、投资报酬率及销售额），而同时并没有透露实际数字。相反，所有的度量指标都按照0～10的倍数进行评分，数值越大越好。通过这种方式，所有的员工都能理解公司如何完成其目标及任务，而同时又能确保比较重要的信息不会被竞争者获得。该公司使用了一个图表来列示其数据，并将其称为“公司仪表盘”，看上去就像法拉利汽车的仪表盘一样。同时，公司发现员工可以很容易地理解以这种分析方式所列示的数据。

2.13 分析型指标允许继续使用很多现行的度量指标

说服人们采用基于分析型指标的计分卡的一种最简单的方法，就是告诉他们可以继续使用其现用的所有度量指标。现有度量指标可能由一级指标变为三级指标，但它们可以作分析型指标的次级指标纳入其中。因此，如果公司的首席执行官对新的“推荐意愿”客户调查感兴趣，那么可以将该指标作为一个次级度量指标包含在分析型指标中。或者，如果你希望继续度量准时交货或六西格玛项目成功与否，可以直接将这些度量指标并入某一分析型指标中。

分析型指标并不意味着将更多的度量指标加入你的计分卡中。相反，它们允许你将度量指标一层层地堆叠起来，在需要时可以进行深层次的挖掘。如果总体分析或汇总指标亮出绿灯，并且没有任何迹象警示某一次级度量指标存在问题，那么就没有必要进行深层次、详细的挖掘。这就使得公司领导者可以将时间用在确实需要他们关注的方面。

第3章 基于分析型指标的计分卡：为你的度量指标增添更多的商业智慧

今天，很多公司所使用的计分卡都缺乏对细节的关注，并且常常忽略绩效的很多重要方面。本章描述了如何构建一个更好的计分卡架构，并尽可能帮助组织的领导者理解计分卡上有关组织绩效的度量指标的含义。

3.1 不要盲目地采用模板：创建你自己的计分卡

在过去的 15 年里，我帮助很多公司和政府组织设计了其计分卡。在这个过程中，我学到的一个主要教训是：盲目地采用课本上所列示的计分卡模板作为自己组织的计分卡，往往起不到很好的效果。我见过的最好的几个计分卡中，普遍都没有包含卡普兰和诺顿所描述的四类指标：财务指标、客户指标、内部指标以及创新/成长指标。尽管这四类指标是很好的入手点，但是最好改变一下，并采用适合自己组织的架构。

卡普兰和诺顿率先提出了平衡计分卡这一概念，他们提出的构建平衡计分卡的方法已经有 15 年的历史了。显然，绩效管理这一领域在过去的 15 年中不断发展，而计分卡的模式也应当随之发生变化。1996 年出版《保持分数》（*Keeping Score*）一书后，笔者有关绩效管理的观点也发生了很大的变化。这段时间我所吸取的一个教训是：大多数度量指标的分类不应当按照组织的想象进行，而应当与组织的使命相挂钩（组织使命是组织存在的理由）。

我还吸取了另一个教训：卡普兰和诺顿所建议的模型并不是所有组织都需要遵循的最佳模板；相反，通常使用的计分卡架构遵循了鲍得里奇质量奖（Baldrige Award）模型中对“商业结果”（Business Results）的六个分类：

1. 产品或服务的质量。
2. 关注客户。
3. 财务和市场。
4. 人力资源。
5. 组织的效率。
6. 领导力/社会责任。

在很多方面（同时对于一些组织来说），鲍得里奇的架构优于卡普兰和诺顿的模式，原因在于鲍得里奇的架构中包含了一类有关人或人力资源的度量指标。在今天的组织中，人员是一个主要的支出项目，同时也是谷歌和微软等公司的主要竞争优势。鲍得里奇模型中包含的最后一类数据（领导力/社会责任）同样非常具有吸引力，因为它使你有机会将战略指标与你的愿景和战略联系起来，并综合考虑道德规范、对规章制度的服从以及社会责任等指标。这些方面没有一个符合卡普兰和诺顿模型中的四个分类，这反映出企业需要一个更恰当的计分卡架构。在过去的几年里，我们已经知道，对道德规范和社会责任的度量，与不好的财务结果一样，都很容易使组织屈服。尽管如此，很多组织仍然没有直接与伦理道德和社会责任相关的指标，作为弥补，它们将伦理道德纳入培训之中，并遵守《萨班斯—奥克斯利法案》（*Sarbanes-Oxley Act*）。

3.2 新的计分卡架构

尽管可能没有适合所有组织的理想的计分卡架构，但是当前的计分卡必须反映当前的现实情况。鉴于此，有必要考虑将几个新的数据类型添加到旧的模型中，以增强其适用性。我鼓励客户在建立新模型时从考虑包含以下五类指标入手：

1. 外部度量指标。
2. 客户度量指标。
3. 人员度量指标。
4. 内部度量指标。
5. 财务和战略度量指标。

所有类型的组织都需要上面所列示的前四类度量指标，因为所有组织（包括政府和非营利组织）都有需要监控的外部因素。它们还需要有关自己与客户、员工关系的信息，以及对如质量、生产率和过程一致性等内部因素的度量。

第五类度量指标——财务和战略度量指标——对于同样需要监控财务状况的商业性组织来说非常重要，但对于政府和非营利组织来说，只评估财务指标的类别则不太重要。同样，将战略指标（愿景）与营运性指标或与组织使命相关的指标区分开也很有意义。由于从本质上说，战略指标通常都是财务指标，因而需要与财务度量指标相配对。如果计分卡上这部分内容太多，可以考虑将战略指标单独列为一类。一种选择是可以将与愿景相关的度量指标放在高管计分卡的最上面。

无论你的计分卡是基于单一度量指标还是基于分析型指标，计分卡架构中包含的类别没有必要完全不同。如果你对现行计分卡上的四种分类感到满意，那就继续保留它们。对于从单一度量指标到分析型指标的过渡，可以是一个渐进的过程，而且无论你为计分卡选用了哪一类型的数据，这个过程都会发生。虽然我们很难见到完全由分析型指标构成的第四阶段计分卡，但绝大多数度量指标会是这样。

奇怪的是，当计分卡由高管传递给下级员工时，你会发现分析型指标较少，而更多的是单一度量指标。出现这种现象的原因在于，高管需要对企业绩效有一个总体的把握，所以他们需要包含各种因素的、涵盖比较广泛的度量指标。沿着组织结构图向下到部门经理、主管和普通工人层面时，你会发现计分卡上度量指标的数量变少了，而分析型指标的数量同样也变少了。工人的计分卡中通常包含4～6个度量指标，其中只有一两个分析型指标。

3.3 管理者需要了解绩效的哪些方面

对任何一次绩效度量而言，管理者或员工需要了解四类基本事实。我们利用问答的形式将这四类基本事实列示如下：

- **当前绩效水平如何**？水平指的是与目标相比，当前的绩效如何，通常用红色、黄色或绿色来表示。绩效水平也可与历史数据（如上年或上一季度的数据）相比较，或与组织的其他部门进行比较。
- **趋势是什么**？趋势指的是长期中的绩效。绩效的趋势是绩效衡量的一个非常重要的方面，与当前绩效或水平具有同等的重要性。当前绩效或水平只是一个单一的数据点，而趋势却显示了绩效水平随着时间的推移而提高、降低或维持不变。
- **分析：为什么出现这样的绩效水平和绩效趋势**？这是对定量绩效水平和趋势的定性分析，包含了对绩效中存在的问题或绩效下降原因的解释。同时，它也可能包含了对良好的（绿色的）绩效或不断提高的趋势的原因分析。
- **行动计划：为提高绩效或维持现有的绩效水平，我们需要采取哪些措施**？行动计划通常由一系列任务、责任和最终期限组成。将行动计划从分析信息中剥离出来非常重要。度量指标的编制者往往负责制定行动计划。

图3.1举例展示了如何应用这种形式的数据。

顾客抱怨

数据表
本年度（按月记录）

数量	实际	目标	目标指数	上年	上年指数
2005年1月	159	166	104.2%	55	0.0%
2005年2月	157	166	105.4%	72	0.0%
2005年3月	156	166	106.0%	73	0.0%
2005年4月	160	166	103.9%	74	0.0%
2005年5月	160	166	103.5%	77	0.0%

数据图
两年前至今（按月记录）

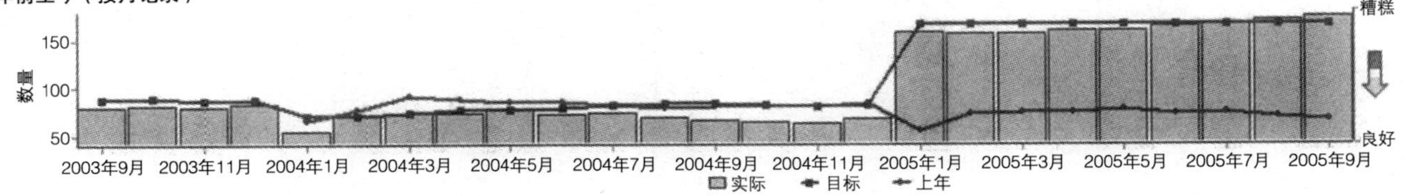

分析
2005年9月
自上年以来，顾客抱怨的次数增加。这主要是由意外的销量增加使得客户基础扩大，从而造成客户服务团队人手不足。我们的客户服务代表无法尽快响应顾客的要求，造成顾客等待服务的时间比以前要长。客户服务经理，9月18日。

行动计划
2005年9月
目标：减少顾客抱怨数量。

任务一：聘用更多的客户服务人员。
期限：越快越好。

任务二：召开定期与区域销售经理召开更新会议，如每月更新会议。
期限：11月15日。

任务三：执行东部地区办公室采用的某些流程。
期限：12月1日。

图3.1　评估、分析绩效数据示例

如果你的计分卡软件或绩效报告系统没有列示各度量指标的上述四类信息，那么你将错失一些重要的信息。在任何讨论绩效情况的简短的会议中，组织的领导者都应当学会针对所讨论的每一个度量指标提出关于水平、趋势、分析和行动计划方面的问题。

3.4 盲目飞行：多数计分卡缺失了哪些内容

计分卡上度量指标的类别远不如指标本身以及数据的真实性重要。类别只不过是一种分类的机制，因此，如果你热衷于卡普兰和诺顿的模型或其他方法，那么就继续使用这些模型或方法。将时间花费在讨论和思考不同的度量指标应属于哪一类别，而不应当花时间考虑这些类别都是什么。度量指标之所以重要，原因在于它们能够用来获取重要信息。但如果它们不能很好地被界定，则无法获得这些信息。出现这种情况后，组织领导者在某种程度上就会像是在盲目飞行（flying blind）——因为他们的计分卡只提供了组织健康程度的部分图景，而错失了一些至关重要的数据。

图 3.2 列出了大多数领导者在分析计分卡时可能会遗漏的信息。当考虑你的计分卡在多大程度上揭示了（或没有揭示）当前组织绩效的时候，可以将这一列表作为一种资源。

我敢打赌，多数领导者和经理在阅读图 3.2 所示的列表时，都希望能够得到上面所列问题的定量答案。然而，遗憾的是，绝大多数计分卡都没有提供这些问题的答案。更糟糕的是，它们声称将提供这些数据，但却提供了一些虚假的、错误的信息。事实上，没有数据比缺乏真实性的指标还要好一些。当需要关注这些指标时，它们产生的虚假、不准确的数据会给管理者造成错觉。

计分卡是否提供了下列信息？

客户信息

1. 客户与我们的公司开展业务的难度有多大？我们曾在多大程度上激怒他们或让他们感到失望？
2. 哪些客户是为我们带来利润最多、最重要的客户？在与他们的关系中，我们的位置是怎样的？
3. 在我们的重要客户中，是否有客户正在寻找其他供应商或已经在跟其他供应商进行交易？
4. 是否存在这样的客户，如果我们不跟其开展业务，我们的境况会更好？

员工信息

5. 我们曾在多大程度上激怒员工，或者使他们感到失望或不开心？
6. 公司文化是否仍然积极向上？员工们是否真的遵循公司墙上所挂的价值观？
7. 我们与员工和其他合伙人之间重要信息的沟通情况如何？
8. 员工们是否都在适合自己的岗位上？他们是否拥有足以应对当前和以后工作的知识与技能？
9. 员工们每天花费多少时间从事其本职工作？
10. 我们的员工和领导人员是否遵守社会道德并且诚实？
11. 我们在多样化方面做得究竟如何？
12. 在本单位内工作的安全性有多高？
13. 在本公司工作的员工和高管的健康水平如何？

外部信息

14. 我们同最重要的合伙人和供应商的关系如何？
15. 我们的品牌在市场上的形象如何？
16. 面对某些类型的威胁或灾难，公司的风险水平有多高？
17. 在满足监管和法律要求方面，我们做得如何？
18. 我们面临着哪种类型的竞争威胁或其他风险？对于这些风险，我们准备得如何？

财务信息

19. 我们主要的投资项目进展如何？
20. 我们开展的新业务的类型是否恰当？
21. 从现在起几个月内，公司的财务状况如何？
22. 对于市场欢迎的新产品和服务，我们的进展如何？
23. 我们在改善绩效或产品方面的投资是否有收获？

图 3.2　需要对计分卡提出的问题

3.5 大多数计分卡实际为领导者提供了哪些信息

图3.3中列出了大多数计分卡实际为组织领导者提供的信息类型。图3.2和图3.3的比较揭示了一个需要人们提高警惕的现象。另外，图3.3中列示的度量指标在那些声称拥有平衡计分卡的组织中很有代表性，认识到这一点十分重要。

财务信息

1. 上个月或上季度的盈利水平如何？
2. 上个月或上季度的销售额及费用各为多少？
3. 与上年比，销售额和利润增加了多少？
4. 我们的股价或预算如何？
5. 我们员工/机器/资本的生产率如何？

客户信息

6. 对于填写我们的调查表感到心烦的少数客户是如何对我们进行评级的？
7. 上个月或上季度我们失去了多少客户？
8. 上个月收到了多少封客户的抱怨信？
9. 在我们的业务中，回头客占了多少？

员工信息

10. 每年我们进行调查时，员工们对工作满意度如何评级？
11. 上个月或上年员工的培训时间有多少？
12. 员工流动比例有多高？
13. 损失工时事故有多少？成本有多大？

生产率信息

14. 针对行业的特点，我们所采取的运营措施如何？
15. 生产了多少有瑕疵的产品或服务？
16. 延迟发货的现象出现过几次？

图3.3 大多数计分卡实际告诉领导者哪些信息

图3.3所示列表的问题在于：其中几乎所有的度量指标不是滞后(lagging metrics)，就是缺乏真实性。最根本的是，大多数计分卡都没有告诉经理和领导者任何有关经营一个部门、单位或整个企业所需的信

息，而他们正在分析的度量指标仅仅是制定决策与战略时所需信息的一部分。另外，大多数度量指标反映的都是已发生的事情，而这些数据在经理及领导者需要审查的数据中最不重要。

3.6 外部因素

过去，我总是建议客户不要在计分卡中记录外部因素。这么说的前提是：我认为计分卡应当包含对组织绩效的度量，并且每一个度量指标均应能够对推动组织绩效施加明显的影响。但是，几年后，我开始意识到，一个好的平衡计分卡应当包含有关外部因素的数据，其中可能有一些是组织无法施加影响或控制的指标，但它们总是与企业的成功息息相关。

例如，假设你在一家航空公司工作，燃料价格是你无法影响或控制的，但它却对你的盈利有着巨大的影响。同样，假设你在一家汽车企业工作，而企业收入的40%来自 SUV 车的销售，则汽油价格也会对你的销售额和利润产生巨大的影响。如果油价攀升到每加仑 5 美元，那些大型越野车和悍马车的吸引力就会降低很多。

当然，价格并不是唯一的外部因素：客户的趋势同样会对企业产生巨大的影响，或积极，或消极。例如，在电影《超级汉堡王》（*Super-size Me*）开始放映后，麦当劳首先将其菜单里的“巨无霸汉堡”删除。导致麦当劳做出这个决定的一个外部因素是：公众普遍认为，快餐企业应当就人们的肥胖和诸如糖尿病之类的健康问题接受法院的审判。

如果你在一家政府机构工作，或者你向政府机构出售产品，那么政治就是一个能够对你的公司产生重大影响的外部因素，同样它也必将影响计分卡上的很多度量指标。与国防有关的公司必然会对国际冲突进行分析，同时公众关于战争、恐怖主义以及其他因素的看法也将对公司的销售额及利润产生影响。

根据上面的几个例子可以看出，在计分卡中增加一个部分用以记录外部指标是非常有意义的，这样，组织领导者所需要的全部重要信息都将包含在计分卡中。虽然你无法影响诸如经济环境、利率或国际事件等因素，但可以对其他一些因素（如政治、公司的品牌形象、监管制度以及竞争威胁）施加影响。

3.7 客户度量指标

计分卡中这部分内容的设计应当着重考虑组织的类型及所服务客户的具体情况。例如，洛杉矶市人力资源开发部（Workforce Development Division）帮助条件较差的人寻找工作，同时也为城里的雇主们物色员工以填补空缺的岗位。对这两类客户而言，其影响因素具有很大的差别。因此，公司在其计分卡中设计了两类不同的客户度量指标：一类针对寻找工作的客户，一类针对寻找员工的客户。这两类度量指标中都包含一些硬指标（如薪水、离职率和工作条件）以及一些软指标（如通过采访和调查所获得的工作满意度指标）。

计分卡上的客户度量部分应当告诉你下列信息：

- 我们在向新客户进行营销和销售方面做得如何？
- 我们在维持与现有客户的关系方面做得如何？
- 我们在管理和建立与当前重要客户的关系方面做了些什么？

传统的客户度量指标（如新业务的价值、客户的支出、市场调研以及客户的抱怨）并没有真正告诉人们组织在服务客户方面究竟做得如何。业务是围绕关系展开的，而绝大多数组织并不知道他们与客户间的关系究竟怎样。

3.8 员工度量指标

最近，一家从事住房建设的公司告诉我，员工的满意度和参与是公司最关心的事情。原因在于:与几年前相比,公司所在地(凤凰市)的新屋开工率(housing starts)增加了1倍,因此如何寻找并留住优秀的员工便成为公司面临的一个主要挑战。对该公司而言,员工离职率是一个令人警醒的指标,是一个只要有人离开就不会好转的指标。员工调查对离职率没有太大的影响,而且在大多数情况下,员工调查是在浪费时间,因为很多员工在调查时都是不诚实的,调查所度量的只是当天的情况。因为员工对所有企业都是至关重要的,所以对于任何类型的企业来说,度量“员工因素”的指标应该是一样的。计分卡上这部分内容应当告诉公司领导者下列信息:

- 员工们在工作过程中是否开心?是否全力投入?
- 员工们是否健康?工作过程是否安全?
- 在道德规范和多样化方面,我们究竟做得如何?
- 员工们是否都在适合自己的岗位上工作?他们是否拥有足以应对当前和以后工作的知识及技能?
- 我们与员工和其他重要合伙人之间是否进行了有效的沟通?

像谷歌之类的企业因被认为是一个非常优秀的工作场所而感到自豪。但是随着公司的快速成长,需要在一个月内雇用几百名新员工时,就越来越难以维持其刚刚成立时所形成的公司文化。而计分卡上员工度量部分则会告诉组织领导者,企业在经历了大量的变化以及增长或衰退后,其文化是否仍然保持原有的积极乐观。

3.9 运营度量指标

与前面所讲的部分不同,计分卡上“运营度量”部分是独特的,它取决于你所处的行业类型。所有行业都有自己的标准度量指标,例如,汽车维修企业采用“返修”(comeback)指标,呼叫中心(call center）采用“平均回复速度”（average speed to answer）指标。计分卡上这一部分记录了所有与行业相关的指标。这部分设计的难点在于如何将大量的数据压缩为几个具有概括性的分析型指标，并重点关注主要的绩效维度，例如：

- 产品或服务的质量。
- 生产率。
- 及时性。
- 创新能力。

分析型指标是将一系列具体的度量指标合并为一个单一统计数据的极佳方式，该统计数据能够为组织领导者提供绩效的全面图景。例如，在过去，医院的领导者每月要审查超过100个临床质量指标。而现在，他们只需要关注一个就可以了，即由临床质量主要指标组成的一个分析系统。这些单独的度量指标被组合成其他的分析型指标。一个分析型指标关注预防感染，其他分析型指标则关注及时治疗等。有了这些数据，医院的领导者通过审查一个分析型指标，就能够回答下列问题：我们在所有的临床指标上做得如何？如果整体度量指标亮起“黄灯”或“红灯”，如果存在下降的趋势，或者如果警示灯亮了，那么医院领导就应当对数据进行深层次的挖掘，以发现问题的所在。

在运营度量方面，绝大多数分析型指标都能够告诉组织领导者，组织是如何完成其日常职责、生产产品或提供服务的。大型组织通常也会将部分资源用在特殊项目上。一个项目就是一项有着明确的开始和结束时间，并生产出可交付使用之物的活动。例如，一个项目可以是建造一座新厂房、安装一个主要的软件系统、创建一个新的业务单元、购买另外一家企业，或者实施一项新技术或使用一种新设备。

计分卡上这一部分的指标应当能够回答以下几个问题：

- 我们的主要项目进展如何？
- 我们是否一直在提供高质量的产品或服务？
- 我们员工的生产率是否已达到了最高值？其他主要资源的生产率呢？
- 我们正在开展的绩效提高活动是否真正有效？
- 在研发或改善产品或服务方面做得如何？

你还可以将其他关键业务流程的度量指标包含在计分卡的这一部分。例如，一些组织更喜欢从流程（process）而不是产出（output，如产品或服务）的角度考察绩效，那它们就可以将这些度量指标包含在这一部分内。

3.10 战略及财务度量指标

对于计分卡的这一部分，所有人都希望能够填满 20～30 个度量指标。很难使领导者只通过探究一些财务和战略度量指标，就能概念化地经营其企业。但是，当他们认识到这 20～30 个度量指标能够被划分为 3～4个高层次的分析型指标时，他们将非常乐意采用这种方法来度量公司的财务结果。由于很多高管并不真正相信这种分析型指标能够揭示一些他们需要了解的事实，因此他们要分析最原始的数据。渐渐地，他们开始相信这些分析型指标是可靠的，并认识到，当分析型指标亮起“黄灯”或“红灯”时，他们就需要对指标进行深层次挖掘，直到找出有问题的数据。回答下列几个问题，将有助于你获得想要了解的有关组织财务健康度的全部信息：

- 在与愿景相关的主要战略或目标方面我们做得如何？
- 我们是否盈利？投资回报率如何？
- 我们的市场份额有多大？

- 现金流如何?
- 未来的财务结果如何?
- 我们是否在成长?

3.11 创建基于分析型指标的计分卡

创建分析型指标实际上是一个非常简单的过程，通常由熟悉组织某一方面的一组人员创建。该小组的成员不应该太多：4~8名比较理想。下面我们以个人健康为例列出了这一方法的步骤，任何人都可以借鉴。这一分析型指标的目的是要了解部门内420名员工的健康情况。

3.11.1 步骤一：确定重点关注的绩效维度

在本例中，我们关注的只是健康情况。而在一个组织里，人们所关注的绩效维度可以通过回答前几页所列的问题来确定。例如，组织可能关注公司的财务状况，也可能关注员工的安全情况，或者关注客户关系情况。另外，绩效的某个维度也可能是一个重要的流程，如研发或销售。

3.11.2 步骤二：列出当前所有指标，并集体讨论可以被跟踪的指标

首先，小组成员应当列出已有的数据或能够轻易获得的数据。其次，用头脑风暴的方法讨论有可能计入该分析型指标的指标。记住，我们不需要讨论与这些度量指标相关的想法是否恰当，只要将它们记录下来即可。图3.4列出的健康度量指标，就是小组成员为创建一个健康度分析型指标而共同讨论的结果。

- □ C 反应蛋白
- □ 血压
- □ 静息心率
- □ 高密度脂蛋白胆固醇
- □ 低密度脂蛋白胆固醇
- □ 总胆固醇
- □ 甘油三酯
- □ 体重
- □ 体重指数
- □ 血糖
- □ 腰围
- □ 家族病史
- □ 抗氧化剂
- □ 病史及治疗
- □ 诊断性试验结果（如压力测试、结肠镜检查结果、乳房 X 线照片等）
- □ 体检的频度及完整度
- □ 拜访医生的频度
- □ 现有问题/状态及严重性
- □ 锻炼情况
- □ 饮食
- □ 压力
- □ 驾驶因素（如速度、交通情况、座椅安全带等）
- □ 吸烟情况
- □ 不良嗜好
- □ 维生素及补充剂

图 3.4　评价健康度的可能指标及现有指标示例

3.11.3 步骤三：将头脑风暴后列出的指标浓缩为几个重要指标

快速获得每个小组成员意见的方法是：要求每个人从列表（本例即图 3.4 中的列表）中挑选出 6 个他们认为最能反映一个人总体健康情况的度量指标。鼓励他们综合考虑对过去、现在及未来的度量，并要考虑这些数据是否能够获得。同时，还要提醒小组成员，应该考虑数据的真实性。例如，饮食可能是关系一个人健康情况的相当重要的因素，但却很难要求人们记住所有吃过的食物，并诚实地报告给我们。在将所有小组成员的选择进行列表后，我们就可以看到一些多数人认为重要的度量指标。图 3.5 列出了关注度较高一些的度量指标。

背景	健康数据	生活方式
家族病史	胆固醇	饮食
个人病史	血压	锻炼
	血液化学	压力/睡眠
	体重/身高/年龄	药物
	心脏健康情况	维生素

图 3.5 需要跟踪的关注度较高的指标列表

3.11.4 步骤四：为组成分析型指标的各次级指标分配权重

我们的小组认识到，遗传及病史是一个人健康程度的重要决定因素，但我们却无法改变它们。最具真实性的是健康数据，因为这些数据都是由最专业的设备检测出来的，而且是从医生或实验技术人员处获得的。我们的小组为每个次级指标赋予的权重如图 3.6 所示。

病史 15%		健康数据 50%		生活方式 35%	
家族病史	40%	胆固醇	20%	饮食	30%
个人病史	60%	血压	20%	锻炼	25%
		心脏健康情况	20%	药物	20%
		血液化学	20%	压力/睡眠	15%
		体重/身高/年龄	20%	维生素	10%

图 3.6 健康指标权重示例

3.11.5 步骤五：完成对构成高层次指标的具体指标及分析型指标的界定

最好从分析型指标所包含的最低层次的度量指标入手。在本例中，我们可能决定从血压这一指标开始。关于这一指标，你需要解答的问题如图 3.7 所示。

1. 该指标的目的是什么？即这一指标期望引致的行为是什么？
2. 该指标的定义是什么？
3. 它属于哪一类型的指标（如具体度量指标、分析型指标/指数、比率）？
4. 使用什么度量单位？期望的范围是多少？
5. 用什么公式计算该指标？
6. 该指标的数据应该隔多长时间搜集一次？
7. 数据搜集采用哪种方式？
8. 该指标的当前数据存在吗（存在，不存在，有一些）？
9. 该指标的历史数据存在吗？
10. 谁对该指标负责？
11. 谁负责搜集相关数据？
12. 是否已经为该指标设定了目标（如红灯、黄灯、绿灯）？
13. 我们期望该指标的结果是什么？
    - 越高越好
    - 越低越好
    - 中间最好

图 3.7 设计度量指标时需要考虑的问题

3.11.6 步骤六：开发数据搜集计划、工具和步骤

按照步骤五定义了度量指标后，就需要确定如何搜集数据。这往往是计分卡项目中最难的一步。经常出现这样的情形：当你确定了搜集与某一指标相关的数据而需要开展的工作和费用后，该指标却已被修订甚至删除了。而且，如果分析型指标中包含很多新的度量指标，这一步可能要花费几个月的时间来完成。数据搜集计划包括一个可供使用的列表以及对它们的详细介绍（如一张包含 10 ~ 12 个问题的调查表）。同时，对于任何项目，数据搜集计划还包含一个任务、职责和期限的列表。

（注意：如果你的分析型指标中所有具体度量指标所需的数据均已存在，那么你可以直接跳过这一步。但这种情况十分罕见。）

3.11.7 步骤七：搜集构成分析型指标的所有具体指标的基准数据或历史数据

接下来的一步是搜集构成分析型指标的所有具体度量指标的历史数据，如果不存在历史数据，则搜集一些基准数据。就本例而言，可能需要对每位员工进行一次血压和身体检查，以获取本分析型指标所需的所有健康数据指标。而关于家庭病史和生活方式的数据则可以通过个别调查来获得。有很多很好的调查，如 realeage. com 网站就列举了大量因素来调查生理年龄与对应的实足年龄（chronological age）。该调查中的各种因素可以反映出你比真实年龄更年轻（如定期锻炼、良好的睡眠、系安全带），或者比真实年龄更老迈（如吸烟、不健康的饮食、危险的运动/嗜好）。

3.11.8 步骤八：确定红灯、黄灯和绿灯的目标或范围

在获取了一些基准数据或确信有可能从其他组织得到的数据后，就

可以着手设定红灯、黄灯和绿灯的目标范围了。目标应当根据自身的历史或基线、基准、行业平均水平、自身的最佳绩效和特定竞争者来确定。就本例而言，大量的数据来自关于“绿灯”应当是什么样子的研究。例如，对于总胆固醇而言，你可以这样确定其目标：

绿灯 = 小于或等于 150

黄灯 = 151 ~ 200

红灯 = 大于 200

对于构成分析型指标的每个度量指标，均应设置这样的目标范围，而且这些目标范围的确定不应当是主观或武断的。如果不具备历史数据，则应当找一小组专家，共同研究“红灯”、“黄灯”及“绿灯”的取值范围，并达成一致。另外，随着得到的数据越来越多，你可以随时对目标范围进行调整。

3.11.9 步骤九：确定所有次级指标的绩效期望值

这一步的目的是设定一个范围，以便将单位不同的绩效数据转化为以 10 的倍数表示的数值，这样它们就可以合并在一个分析型指标内，便于人们从整体上考察绩效状况。使用 30 ~ 120 的范围比较好。如果你知道什么是好的绩效水平、什么是坏的绩效水平，那么将很容易在该范围内确定相应的数值。如果某一度量指标是新的，而且没有关于该指标的任何标准或可比较的数据，那么你需要首先为该指标设定一个 30 左右的基准、一个 80 左右的目标，然后再确定该指标的数值范围。

图 3.8 举例说明了本例中我们所使用的胆固醇指标的范围设定，图 3.9 则是一张由四个次级度量指标构成的一个完整的分析指标的列表。

度量指标	范围															权重
	−30	−20	−10	0	10	20	30	40	50	60	70	80	90	100	110	120
总胆固醇含量	>340	320	300	280	260	240	220	200	180	160	140	120	100	80	60	<60

图 3.8 胆固醇指标示例

图 3.8 中所显示的范围被输入计分卡软件中，数据被输入后，就会自动转换成我们所需要的数据。例如：

- 胆固醇含量为 160，得分为 60 分。
- 胆固醇含量为 250，得分为 15 分。
- 胆固醇含量为 100，得分为 90 分。

如果我们将上述三个水平的胆固醇含量进行平均，则得到的数字是 170，转换到图 3.8 所示的得分范围则是 55 分。同样，对分析型指标内的每个次级指标也应采用上述措施，以确保所有预期的绩效水平都能转换为以 10 为倍数的数字。

下面这个例子涉及的是一个呼叫中心员工满意度分析型指标，该分析型指标由若干次级度量指标组成，这些次级度量指标及各自的权重如图 3.9 所示。

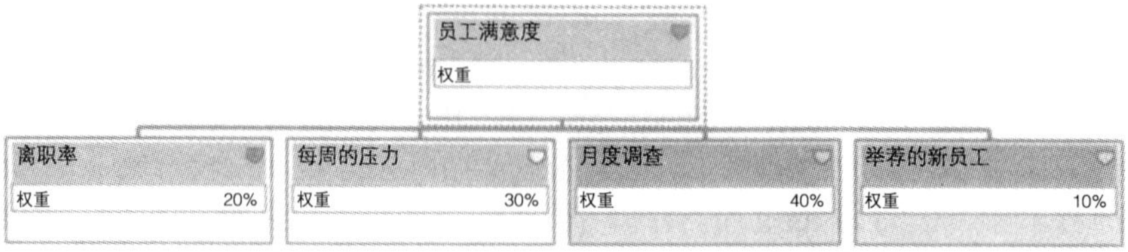

图 3.9 员工满意度分析型指标的次级度量指标示例

将数据输入软件中，软件就会按预定公式将其转换为 10 的倍数，这一功能是由软件自动完成的。换句话说，无论原始数据是人工输入的，还是通过已有的数据库导入的，软件都将自动将其转换成计分卡分析型指标所需的形式。必要的时候，使用者还可以审核原始数据，以获取次级度量指标的绝对数值。

度量指标	范围	权重
	−30 −20 −10 0 10 20 30 40 50 60 70 80 90 100 110 120	
总范围	>340 320 300 280 260 240 220 200 180 160 140 120 100 80 60 <60	
离职率（%）	>100 95 90 85 80 75 70 65 60 55 40 35 30 25 20 <20	20%
每周“绿灯”（%）（压力）	<5 10 15 20 25 30 35 40 50 56 62 68 74 80 86 >92	30%
调查（%）+评级	<5 10 15 20 25 30 35 40 50 56 62 68 74 80 86 >92	40%
举荐的新员工	0 3 6 9 12 15 18 21 25 28 31 34 37 40 43 >47	10%

图 3.10　员工满意度分析型指标

利用图 3.10 所示的范围，假设我们得到了如下所示的 6 月份的绩效结果：

离职率	=62%	=50×20%	（权重）	=	10
每周的压力	=25%	=25×30%	（权重）	=	7.5
调查评级	=70%	=80×40%	（权重）	=	32
推荐	=30%	=70×10%	（权重）	=	7
合计					56.5/100
					黄灯

对于 56.5 分的得分，如果进一步挖掘具体原因的话，我们可能会发现，使得最终分析结果亮起“黄灯”的最主要的度量指标是每周压力：该指标处于红灯范围内。基于此，我们将更深一步对该指标进行挖掘，看看是否是由于组织的某一特定岗位、班次或某一部门的原因导致该指标亮起“红灯”的，然后再搜集额外的数据以确定亮起“红灯”

的根本原因。这些信息随后将被记录在计分卡软件的“分析”（analysis）部分内，并将制定一份“行动计划”，以降低工作环境的压力水平。

3.12 分析型指标计分卡的软件要求

市场上有很多优秀的软件，它们能够为需要大量数据的计分卡收集、报告、分析数据。在考察这些计分卡软件时，需要考虑的重要因素很多。很多组织在购买了这些昂贵的计分卡软件后，却未能使用，原因就在于这些软件过于复杂，而人们往往更喜欢使用简单的 PPT 和电子表格。

诸如使用简单、灵活、与其他数据和系统的连接以及成本等因素都是需要重点考虑的方面。在此我们提出三个必须考虑的因素，如果某一计分卡软件不能完全达到这三个要求，就不要购买它，因为该软件并不适用于基于分析型指标的计分卡。好的计分卡软件必须达到下列三个要求：

3.12.1 要求一：为每个度量指标设置自动报警灯

使用不能为每个度量指标设置自动报警灯（idiot light）的软件是非常危险的。即使绩效的整体分析显示为“绿灯”，自动报警灯也可以告诉组织管理者其中某一次级度量指标显示为“黄灯”或“红灯”。这样，管理人员就能够对数据进行深层次挖掘，以确定哪个次级指标存在问题，以及为什么存在问题。

要记住，一个分析型指标只是对几个不同的具体度量指标或因素的归纳总结。有时候，只要有两个次级指标所代表的绩效维度是良好的，就可以使该分析指标亮起“绿灯”。但是，一位优秀的管理人员需要在组织病入膏肓前知道问题所在。因此，自动报警灯的作用就在于帮助管理人员察觉到一些较小的问题，并且找出它们的所在。

很多计分卡软件不具备自动报警灯功能。你应该直接在购买清单上删掉这些软件。

3.12.2 要求二：无限制的计分卡架构

不论你使用何种计分卡软件，千万不要选择那种将你牢牢地限制在某一计分卡体系模板内的软件。卡普兰和诺顿的四种分类适用于一些组织，但不适用于另外一些组织，鲍得里奇的分类也是如此。

不论选择哪种计分卡软件，都要确保它允许你针对所选择的架构自行设计计分卡的类别。随着时间的推移，组织中的数据会越来越复杂，计分卡的架构也应当随之发生变化。例如，捷蓝航空公司计分卡中的三个类别——员工、绩效和成功——目前对于该航空公司非常适用，但它现在是一家很年轻且正在成长中的公司。随着公司的成长并日益成熟后，这些度量指标以及架构很可能会发生变化。一定不要被禁锢在某些缺乏灵活性的软件内。

3.12.3 要求三：能够识别水平、趋势、分析和行动计划

除了在一个屏幕内显示整个计分卡的全貌外，使用者还应当能够点击进入每个分析型指标或度量指标进行查看，并且能够获得以下四个问题的答案，这四个问题对所有绩效指标都适用：

1. **水平**：与目标或历史数据相比，目前我们做得如何？
2. **趋势**：未来一段时间，绩效的发展趋势如何？
3. **分析**：为什么我们会显现出这样的水平及趋势？哪些因素造成了这样的水平和趋势？
4. **行动计划**：为了提高绩效，或者保持当前的绩效水平，我们正在采取哪些措施？

很多计分卡软件包都能够回答上述四个问题，但却需要使用者通过多次点击、在几个不同的屏幕上获得这些答案。而我们希望的理想状态

是：将这四个问题的答案同时显示在一个屏幕上，这样使用者就能够迅速找到他们所需要的信息。

下一章将重点描述如何设计能够对客户满意度和忠诚度提供更准确评价的客户分析型指标。这些新的分析型指标旨在准确地度量客户的想法及购买行动，它们是根据很多龙头企业和政府组织的最佳实践设计的。

第4章 客户关系分析:预测忠诚度的重要指标

现在，你已经知道了如何创建一个分析型指标。下面我们将讲述如何设计计分卡中有关“客户”的这部分内容。绝大多数组织都需要对这一领域现有的度量指标进行整体审查。鉴于此，本书用一章的篇幅对这方面的度量进行阐述。

客户是购买你的产品或服务的人，其中大多数直接付钱购买，当然也有一些客户并不直接进行支付，如医院里的病人，或者是那些通过纳税进行支付的政府服务的接受者。在计分卡中增加客户部分的目的在于告诉管理者，组织是否很好地满足了客户的需求，是否正在寻找适合的新客户。

大多数组织的计分卡中多年前就已经包含了客户度量这一部分。但是绝大多数度量指标都不成熟，而且几乎没有产生有用的数据。年度调查和抱怨仍然是其采用的主要方法，但大多数客户并没有提出抱怨或者没有填写调查表。因此，分析型指标非常适用于对客户满意度的度量，因为客户满意度是绩效的一个十分复杂的维度，无法利用单一统计数据或单一问题调查来进行评估。

本章阐述了客户分析指标的目的，介绍了客户关系管理（CRM）的背景以及 CRM 项目内在的缺陷，随后详细讲解了为管理客户关系而构建 CRM 项目时所需的四个度量指标：投入指标（input metrics）、流程指标（process metrics）、产出指标（output metrics）和成效指标（outcome metrics）。本章还列举了一些实例，这些实例都来自我的客户，他们开发并成功地应用了新的指标——包括的“激怒”（aggravation）指标、“吸引力”（attractiveness）指标等，以发现问题客户。在介绍这些解决方法之前，我们需要先来弄清问题以及客户分析指标的目的。图 4.1 列出了客户分析指标应当回答的问题。

计分卡中客户分析指标部分应当回答下列问题：

☐ 为发展业务，我们是否正在与恰当的客户建立密切的关系？

☐ 我们是否始终如一地满足并超越客户的期望，是否使客户与我们开展业务时感到很容易？

☐ 我们正在开展的新业务类型是否恰当？

图 4.1 客户关系指标所解答的问题

4.1 客户度量指标

在典型的计分卡中，客户度量指标的层级关系如图 4.2 所示。

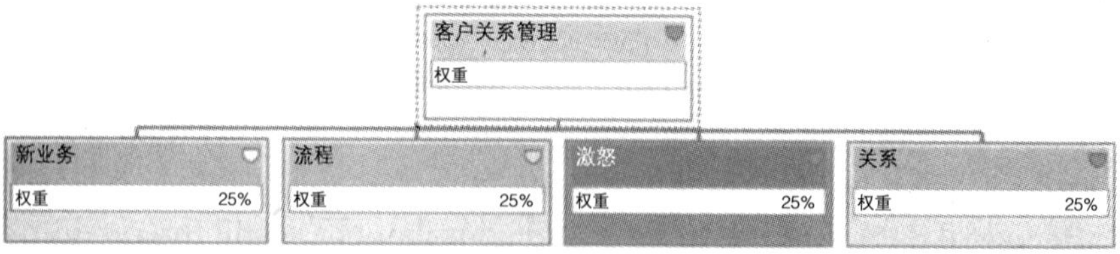

图 4.2 客户关系管理分析指标

计分卡中客户部分通常包含四类指标：

- 客户意见、感知和评级。
- 客户的购买行为。
- 赢得客户并与其建立关系的内部流程度量指标。

- 与重要客户需求相关的运营因素度量指标。

4.2 对已建立的客户关系的度量

计分卡这一部分的目的是告诉人们，企业在寻找新客户、赢得其业务、与客户建立密切而长久的关系等方面做得如何。就算客户已经完全被征服，企业也应当关注并度量自己在客户关系管理方面做得如何。这似乎非常简单，但大多数时候企业都做不到这一点。

举一个笔者的例子来说明这一概念。最近，我试图与我的手机生产商取得联系，探讨一下手机使用过程中的一个问题。我打了几次电话，每次都被要求等待将近 30 分钟，最后在多次失败后放弃了。随后，我又试图通过该公司的网站解决这个问题，但是在其网站的常见问题解答单元内，却没有找到对该问题的解答。最后，我决定向该公司发一封电子邮件以解决该问题，这将是我最后一次求助。发出电子邮件后的第二天我便收到一封回信："感谢您给客户服务部的来信。我们将在 7 天内与您联系。"这才是让客户满意的做法。

这是手机公司常用的模式。事实上，唯一能够阻止用户转换手机运营商的办法就是通过合同对其进行约束；根据以往的经验，绝大多数用户都知道这是不好的选择（如果有选择的话）。遗憾的是，很多公司都在以这种方式对待客户。如果这些公司将较少的钱花在针对新客户的营销与广告上，而是将更多的钱用到了维持公司已有客户上，这将是明智之举。如果他们忽视这一点，迟早会有竞争对手与其竞争。

客户关系管理（customer relationship management，CRM）是近十年来大多数大型公司实施的、未能达到预期效果的"缩写为三个字母"的项目之一。客户关系管理咨询师出售软件和程序，期望这些软件和程序能够使得公司的所有客户都热爱这个公司，并购买更多的产品。但是，根据毕博（Bearing Point）咨询公司 2003 年的调查，接近半数被调查的公司报告称，由于投资回报率较低，它们将对采用客户关系管理的动机进行重新评估。对销售额至少 10 亿美元的这 167 家公司所做的调查表明，尽管 82% 的公司认为客户关系管理很重要，但只有 37% 的公司感觉他们似乎正在接近预期绩效。因此，毫不奇怪的是，很多采用客户关系管理的公司都没有关于其客户关系管理是否成功的可靠数据。这是一个非常严重的问题。任何实施起来会耗费大量时间和金钱的项目（如客户关系管理）都需要被度量和评估。

4.3 客户关系管理应该做什么，不应该做什么

大多数客户关系管理项目包括以下两个部分：

- 与客户建立关系的流程。
- 建立客户数据库，报告销售、与每位客户建立关系过程的进展情况的软件。

客户关系管理背后的理论是：如果公司采用一种系统的方法建立与重要客户间的关系，必将产生较高的客户满意度，与这些客户的交易收入将增加，客户忠诚度也将提高。这个理论是正确的，但是我发现，很多客户关系管理项目更多的是试图向客户交叉销售一些他们实际上并不需要的东西。换句话说，客户关系管理已经变成了以不同的方式询问：“再加一份薯条怎么样？”

再举一个笔者的例子来阐述这是怎样进行的。我的理财师希望每季度能跟我见一次面，以便共同“评估我所持有的股份和投资组合的绩效”。我并没有必要开车 20 分钟去跟他会面并讨论我的账户情况，这些情况我可以随时在网上查看。而我的理财师实际上想做的是让我走进他的办公室，并劝说我将更多的钱投入到我的账户中，或向我销售一些额外的产品或服务。他需要完成他的销售目标，而这是完成目标的一条捷径。因为我在该银行有几个不同的账户，所以我的理财师能够利用自身的优势，获取他需要的信息。例如，他可能会说：“我注意到你的支票

账户中有很多钱，我想你可能希望将其中一些投资于可转让定期存款单（CD）以获得更高的利息。”但是，与客户确立关系远不止向该客户销售产品。事实上，如果客户意识到他被要求购买一些自己并不需要的东西时，那么这一策略将损害原本可以很健康的客户关系。

客户关系管理的基本假设存在缺陷。我所见过的大多数客户关系管理项目背后的逻辑都存在着一些缺陷。最常见的是以下三个：

有缺陷的假设一：确立客户关系需要一个系统性的流程和管理系统。任何一个曾从事过销售的人都知道，销售不可能采用与设计产品或让飞机着陆相同的方法。你可以采取完全相同的行为，但最终却会产生两种不同的效果：一种是潜在客户什么都不买，另外一种则可能是潜在客户买走你销售的所有东西。所有客户在购买东西时，都会想得到很多相同的东西：价值、便利、适当的性能和质量——而且他们希望能从他们可以信任的人那里购买。除此之外，还有很多因素能够影响人们的购买行为。客户关系管理项目在逻辑上存在的缺陷是：它假定人们能够设计一个精确的客户关系，就像你在设计产品或服务时一样精确。情况并非如此。

在销售中，有四成是技术，六成是艺术。然而，很多客户关系管理项目都强调对每一客户遵循相同的行为。最成功的销售人员都知道，对每一位不同的客户要采取不同的方法，要更多地了解每一位客户，更多地倾听而非劝说。运用设计好的方法来进行销售，这种做法只对一种类型的产品有作用，那就是像快餐或汽车一样能够自行推销的产品。

我的一个朋友李莎（Lisa）是一名药品销售代表。她每天都拜访医生，试图跟他们交谈并将药品样本留给他们。每天晚上，她都需要将拜访过的医生的详细情况输入公司客户关系管理系统中，包括她拜访每位医生所用的时间、所说的话以及每位医生的反应等。她的工作并不是向医生推销药物，而是同医生间建立起客户关系，以期望这些医生在开药方时能更多地用到她们公司的药品。

这种方法的难点在于，医生们通常都很忙，没有时间跟李莎见面。所以李莎通常都是将时间花费在与医生办公室的其他人员交谈上，试图劝说他们让她跟医生聊几分钟。她总是能够设法将免费的样品送出去，但是通常都见不到医生。考虑到医生们白天都很忙，李莎的老板很慷慨地允许她可以在医生下班后请他们吃晚饭。但是李莎从来没有机会使用这个特权，因为大多数医生都希望下班后马上回家跟家人在一起。而那些确实想跟她共进晚餐的医生也只是想跟她约会的光棍而已。如果该公司试图将客户关系归结为打电话的频率和持续时间以及简单地照本宣科，这种做法是行不通的。

比尔（Bill）是我的另一位朋友，看上去他做的所有事情都会使客户关系管理咨询师感到不满。他所做的事情会让人们确信不会有人从他手里买东西——永远都不会——但他却是公司里最成功的咨询师。他与公司的一个新客户开展业务，一年的时间内，就将该业务发展成公司的一个关键项目，为自己和其他咨询师赢得了很多收入，同时销售出数百万美元的培训资料。

他成功的秘诀是什么？他抽烟、说脏话、在游泳池跟他的客户打闹，偶尔还会叫公司的重要客户滚蛋，同时对每个人都诚实得近乎疯狂。他从不向老板报告，不参加销售会议，通常被公司的人看成是“非团队成员”。尽管如此，他的客户都热爱他，信任他，并且听从他的建议。换句话说，比尔与他的客户之间建立了客户关系。他既诚实又值得信任，尽管他的行为很无礼，但他的客户发现了他的这些优秀品质。同时，客户们喜欢他的另外一个原因是他从不试图装得很讨人喜欢——他很真实，不像其他人一样穿着昂贵的西装、留着光亮的头发、手里拿着常青藤大学的学位，并且满嘴都是管理行话。

有缺陷的假设二：客户关系管理软件所提供的数据能够提高你在构建客户关系方面的能力。我曾见过的客户关系管理数据库，绝大多数都包含客户和个人消费者的全部信息。数据库里记录着有关组织结构的信息，以及谁拥有实权、决策指标、客户的个人信息（如他们之前的工作、曾经购买的商品、配偶的名字、孩子的年龄和名字、嗜好、兴趣、高尔夫球得分、最喜欢的休假场所等）。销售人员通过自己的笔记本电脑可以获得所有这些信息，他们可以通过不停地约会并记住所有客户的个人信息来让每一个客户都感觉自己很特殊。

这一假设的缺陷在于：它错误地相信销售人员获取了这类客户信息就能够构建起客户关系。这种逻辑使我想起了比尔·默瑞（Bill Murray）主演的一部电影：《偷天情缘》（*Groundhog Day*）。在电影里，默瑞所扮演的角色爱上了由安迪·麦克道威尔（Andie MacDowell）饰演的一个女孩。为了使女孩爱上自己，默瑞每天都研究她，希望了解关于女孩的一切信息并以此作为追求她的砝码。通过对女孩的研究，他发现了女孩的很多特点：喜欢法国诗，不喜欢白巧克力，总喜欢为世界和平干杯，等等。同时，他利用这个优势来追求该女孩的策略也慢慢地奏效了。但是，终于有一天，女孩发现了这一切，当她明白自己总在被研究时，默瑞的计划宣告失败了。而只有当默瑞停止哄骗该女孩时，女孩才开始慢慢地喜欢上了默瑞。

电影里默瑞所采用的方法正是很多客户关系管理项目所使用的：搜集客户的详细信息、反复地运用这些信息以试图获得他们的信任。但是，几乎每次尝试的结果都是一样的：客户总能察觉。最后，大多数客户发现了他们一直都在被研究，没有人再对公司的这种策略做出回应。因此，我们可以得出结论：拥有客户大量的个人信息并不能真正帮助公司确立客户关系。事实上，这很可能使一个刚刚开始对你产生信任的客户远离你，就像在上面所说的电影里一样。

有缺陷的假设三：销售人员会很容易地使用客户关系管理软件，当认识到该软件能够帮助他们提高销售绩效后，他们会爱上它。我的很多朋友和委托人都从事销售工作，包括销售药品、保险、提供理财服务、医疗设备以及其他产品或服务。他们都认同一点，即他们都十分痛恨公司的客户关系管理系统。他们尤其痛恨每天花费 2 ~ 4 个小时的时间，在笔记本电脑上写有关与客户交谈及其前景的报告、输入相关数据，并准备客户状态报告。由于他们负责的区域很大，因此他们常常需要从早上 7 点一直到晚上 6 点都在路上奔波去拜访客户。在销售人员将一整天的时间花费在交通以及拜访那些不想见到他们的客户身上后，客户关系管理系统却要求他们在每天晚上将数据录入。他们往往都很讨厌客户关系管理系统，并把它的要求看成降低自己工作效率并对自己的职业道德产生负面影响的一项累人又没有价值的工作。

我所见过的客户关系管理系统都是既不简单，也不直观，而且会占用销售人员大量的时间。当然，如果所有这些用于输入信息的时间都得到了相应的补偿，那么花费这些时间也是值得的。但是，我所见到的绝大多数研究都表明，客户关系管理系统并没有产生很好的投资回报率。而这些研究大都没有讨论下面这个问题，即这些客户关系管理系统在销售人员的士气方面产生了怎样的影响。一些数据表明，客户关系管理系统反而会对销售人员带来压力以及不好的职业情绪。唯一喜欢客户关系管理系统的是那些经理们，他们对于获取的大量可保存的数据感到满意。经理们总喜欢随时监视他们的员工，并确保他们不会吊儿郎当。上面所描述的每日客户关系管理报告，能够确保销售人员每天都在外面奔忙，为公司未来及现有的客户提供服务。不幸的是，这往往并不能够增加销售量或提高客户的忠诚度。

4.4　如何度量客户关系管理系统

如果你所在的组织正在使用客户关系管理系统，并且避免了上述缺陷，那么该系统的确存在一些优势，但也只有当组织对其进行度量并进行管理时，这些优势才能发挥出来。对于绩效的任何方面或任何改进项目，你都不能只根据单一的度量指标来确定其是否成功。同样，也没有任何一个单一的图表能告诉你这一点。相反，你需要的是一个客户关系分析型指标，该系统由以下四类度量指标组成：

- **投入指标**——度量当前数据的质量、准确性、真实性及被接受的程度和可证实性，同时也可能包含对领导力、提案或赢得新业务的度量。
- **流程指标**——对经过证实能产生高绩效水平的行为或活动的度量，以及对能产生更好的客户关系的行为或活动的度量。
- **产出指标**——能够被计算的可量化的指标，如订单、发送的样品量、递交的提案、赢得的新客户、分发的宣传册、打电话的数量、召开的会议、拜访的客户、进行的展示等。
- **成效指标**——毛利、销售收入、营销成本降低，以及与重要客户的关系。

在创建客户关系管理分析指标时，首先要从为上述四类指标分配权重开始，如图4.3所示。

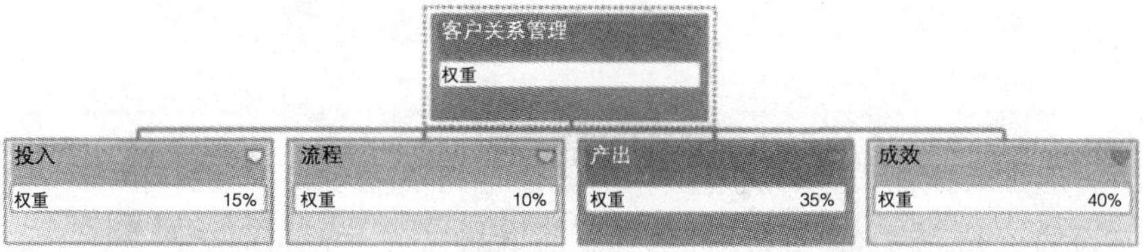

图4.3 四个客户关系分析指标各自权重示例

之所以赋予产出和成效较大的权重，是因为它们是对价值的真实度量。事实上，如果你询问某一公司为什么要实行客户关系管理，答案往往与“成效指标”所涵盖的内容相关，因为这些才是真正能为企业带来收入的因素。成效指标甚至一些产出指标所面临的问题是：它们绝大多数都是滞后指标，或是对过去的度量。而且，正如上面所述，好的客户关系管理指标或分析指标应当同时包含先行指标（leading indicator）和滞后指标，以便提供一个有效的判断。先行指标度量的是投入及流程或行为。每天跟踪这些指标有助于使经理们知道其员工都在外面努力地工作。下面我们详细地讨论一下各个指标。

4.5 度量客户关系的投入指标

投入指标很重要，因为它是四种客户关系度量指标中最具前瞻性的。投入指标应该既定量又定性。需要重视的一些指标举例如下：

- 接收到的询问
- 网站点击率
- 打过的电话
- 发出的信件
- 创建的客户档案
- 研讨会的参加者
- 收到的商务名片
- 分发的宣传册
- 产生的领导力
- 收到的提案数

这些是用于产生新业务或在现有客户中开发新业务活动的所有度量标准。但只考虑上面列出的指标是不够的。投入指标也需要定性的成分。

对投入指标质量的度量。在佛罗里达州奥兰多市，来自 25 个不同企业的 70 个人参加了我举办的一个公开研讨会。我跟踪的投入指标看起来非常好：大约 30 名参加者给了我名片，并在会议结束后索要了我的名片。我通过给他们寄信、打电话、赠书跟进了几次，但这些潜在客户没有一个给我带来 1 美元的收益。从定量方面看，这些指标都很好；但从定性方面看，一些指标显然不太好。

这件事后不久，一位从事警用无线电业务的客户提出一个名为“机会战略价值”（Opportunity Strategic Value，OSV）的指标，这是一个度量潜在客户的定性指标。他根据下列因素为每一位潜在客户分配了一个从 0 到 100 的分值：

- 位置。
- 规模。
- 公司名称的认可度（也就是说，如果他将这些公司当成客户，会对警察局的其他部门产生影响)。

- 需要的产品数目。
- 潜在毛利。
- 政府中的熟人（即他有没有朋友在政府工作)。

会计经理要接受由他们建立的投入指标的考核，同时也要接受对这些投入指标的质量的度量。这有助于他们通过致力于赢得重要的客户从而推动正确的行为。

从事设备维护业务的另一位客户提出了一个类似的、针对潜在客户和现有客户的度量指标，他在使用这一指标来鼓励销售人员赢得高质量潜在客户方面也取得了成功。他还对不同类型的投入指标进行了评分，如发出明信片和信件定为 10 分，对收到的需求提案定为 75 分。

这些例子都指出了一个重要事实：如果你想在度量客户关系方面取得成功，那么对投入指标的定性与定量度量同样重要。

4.6 度量客户关系的流程指标

销售和客户管理方面的流程指标度量的往往是行为或活动。例如，一个流程指标很可能是每周打给客户的电话数量，或者进行产品示范的次数，或者是参加公司高尔夫比赛的客户数量。很多组织都对跟进流程制定了详细的标准，它们认为这样就可以建立客户关系，如每周拜访一次 A 级客户、每月拜访一次 B 级客户等。通常也会有一些进行产品演示或示范的标准，详细到使用哪些词语、手势。企业通常根据这些指标来衡量销售人员的行为。与客户打交道的呼叫中心同样也设有流程指标，包括等待时间、废弃的呼叫（即挂断的电话)、平均通话时间等。

上述所有流程指标以及标准都是为了提高销售量、增加客户满意度、提高客户忠诚度。而大多数此类指标面临的问题是：在大多数公司，这些指标并未被证实与价值有关。换句话说，没有证据能够证明，遵循一张手写的演示稿，或每周定期拜访客户，就能够增加业务或者能够提高客户满意度。这与其他指标的结果显著不同——例如，多数企业在投入指标与产出指标之间通常都有一些很好的数据将二者联系起来。一位朋友出售高管薪酬计划书的例子就能很好地说明这个问题。他一共发出了100封信，收到了15封回信，据此打了电话，安排了5次会面，提出了3份提案，最后卖掉了1份计划书。有了这样的数据，我们可以很容易地根据整体销售目标，为投入指标设定目标。

然而，我很少见到有研究支持这类流程指标的有效性。这类流程指标及标准常常以传闻或迷信为基础。如果所有的员工都给客户打了恰当数量的电话、进行了演示、发出了名片，并每天都将所做的工作记录在客户关系管理数据库中，销售经理就会很高兴。但是，那些在流程或行为指标中得分最高的人往往是绩效最差的，而且对公司价值的贡献很小。相反，有些人（如我的朋友比尔）不在乎客户关系管理的规定，着装也不适当，描述产品或服务时也不使用公司惯用的语言，甚至在最后一刻取消与客户的晚餐，或者根本就拒绝与客户进行交往，同时也不跟其他公司的咨询师以及销售人员很好地合作。尽管如此，他们的绩效却在效果指标的度量中击败了公司的其他同事，而且他们对公司价值的贡献也非常显著。

在公司的客户关系管理指标中，加入优秀的流程指标的关键是：认真研究公司明星销售人员或与客户联系密切的员工的行为。不要跟他们面谈——要观察他们。大多数胜任自己工作的人都没有意识到自己的才干，也说不清自己为什么会成功。而通过观察这些优秀的销售人员，将他们的行为与普通销售人员进行比较，则很可能会发现他们与其他人的一些细微差别。这些细微的差别就是你设计流程指标的基础。从对优秀销售人员的研究出发来设计进程度量指标，就能够提高公司的绩效。

然而，在选定这些指标并把它们作为一种经营方式的典范之前，应当对这些假定进行测试。同时，要记住，管理客户关系的方法很多，而且你越试图用一种固定的方法来约束你的销售人员，销售人员成功的可能性就会越小。企业应该遵循 Nordstrom 公司使用并推荐的一种方法：雇用有自己想法和个性的人，信任他们，并由他们自己做出正确的判断，而不要控制他们的工作。

即使在销售和建立客户关系的过程中存在着很多的艺术成分，但仍然要遵循一些基本的步骤，同时也需要对它们进行度量。例如，我们需要遵循一定的步骤以便同潜在客户进行面谈并且确定他们的需求。也许在确定并克服一些缺陷时也要遵循某个流程，在审查产品或服务的品质并与竞争对手进行比较时也要遵循特定的流程。

一些非常简单的流程有时会特别有效。佛罗里达州彭萨科拉市（Pensacola）的一家教会医院（著名的马尔科姆·鲍得里奇奖获得者）发现，每天向病人提一个问题有助于提高病人的满意度。因此，医院的管理层将其定为一条标准，以此来要求所有的护士、救援人员以及那些工作在客户服务第一线的员工们。这样一个简单的提问过程和简单得近乎愚蠢的问题却产生非常好的效果。这个最简单的问题就是："今天我能做点儿什么使你更舒服一些吗?"

但是，要记住，一个标准化的讲稿或一个严格界定的流程并不适用于所有的情形。所有的方式都应根据特定情况或特定客户进行设计。

行为有时很难量化，而流程指标之所以在客户关系管理指标中被赋予了一个较低的权重，是因为行为或流程指标最缺乏真实性。换句话说，即使组织在所有的行为指标中都获得了很高的分数，但仍有可能有很多对组织不满意的客户，其客户关系也很可能存在问题。投入指标的风险性就比较小，因为它们包含了对一些客观事物的追踪，如报价单/提案。

但是，如果以可靠的研究作为行为或流程指标的基础，那你就会希望增加它们在客户关系管理指标中的权重，以使这些指标与投入指标具有同等的重要程度。在这种情况下，投入指标与流程指标可以被赋予相同的权重（12.5%）。

4.7 度量客户关系的产出指标

产出是指一些可以计算数量的产品——即实际的产品（如提案、报告或合同），或者某种成就（如一项完成的交易、找到一位新客户、一份订单，或顺利完成的服务）。对于一家运输公司而言，产出指标可能是运送的包裹或集装箱的数量；而对于一家航空公司而言，则可能是准时飞行的航班数。产出通常是指有价值的事物，或者是对组织本身具有一定的价值，或者是对其客户具有价值。那些在客户服务第一线的员工——如客户经理、提供服务的人员以及客户服务代表——创造了所有类型的产出，这些产出可以作为客户关系管理分析指标的一部分。

在前面的章节里我曾经提到，我的很多客户都采用了一个名为“激怒指数”的指标，记录了每天他们所做的、足以激怒其客户的事情的数量。同时，对每一次激怒事件，企业根据其导致的潜在后果的严重程度打出了相应的分数（评分在 1 ~ 10 分之间）。该指数是一个说明客户为什么不满意并转向其他公司的十分重要的指标。换句话说，在激怒指数（产出指标）与客户忠诚度（成效指标）间存在着直接的联系。通常，这些激怒客户的事情并不是由销售人员或客户代表造成的，而是由直接为客户提供服务的员工造成的。以一家航空公司的激怒指数为例，其包含了下列因素：

- 航班晚点
- 航班取消
- 延迟起飞
- 等待包裹所延误的时间
- 包裹丢失
- 包裹损坏
- 电话掉线
- 很难使用网站的服务
- 顾客的抱怨
- 中间的座位
- 排长队领取登机证
- 座位不够

- 打电话预订机票时长时间的等候

企业应每天对这些激怒事项进行统计，并乘以受影响的乘客的数量以及该事项的严重程度。例如，航班晚点30分钟造成的影响远没有取消航班后导致200人在机场滞留一夜的情况严重。

StoraEnso公司是世界上最古老的公司，生产纸张和林业产品。该公司设计了一个客户激怒分析型指标包含了多种因素。每一因素都根据其激怒客户的程度赋予了不同的权重。

对于本例或其他客户激怒分析指标而言，关键问题是无法通过一项调查来获取所需要的数据。而激怒客户的因素都是核心小组（focus group）确定的，这些核心小组对激怒事项的严重性进行评级并且排序。获得这些数据后，你应当计算每个激怒事项发生的次数，并用其发生的频率乘以其严重性权重。StoraEnso公司更进一步为公司的每个客户赋予了一个权重，权重的大小根据客户的规模和重要程度确定。显然，激怒一家真正的大客户相当危险。StoraEnso公司发现，最小化激怒指数与客户忠诚度之间存在着很大的关联度，而客户忠诚度又与盈利性之间存在明确的相关性，因此，公司高管需要认真监控这一指标。

你的公司经营如何，或你的产品质量如何，会在很大程度上影响你的客户关系。如果你的律师事务所的复印机出问题的频率过高，就有可能毁坏你为建立客户关系所做的努力。复印机的客户代表及维修技术人员才是应当对这件事情负责的人，但是你的客户会把它看成是你公司的问题。要记住，客户如何评价你的公司，在很大程度上取决于你的产品和服务——而不取决于好的销售人员或客户代表。

因此，在度量产出指标时，将销售人员或位于客户服务第一线的员工以及能够感受到客户对产品及服务评价的员工制定的指标包含在内是非常重要的。导致两个公司关系变坏的主要问题不是销售人员或客户代表所犯的错误。最重要的产出指标应当涉及产品与服务的质量。客户关系管理分析指标赋予产出指标较高权重的原因有两个：

- 它们能够被客观地计算和度量。
- 它们对客户关系的影响很大。

另外，其他有关销售或客户管理功能的产出指标也可以包含在客户关系管理分析指标内。事实上，很多产出指标被列入计算范围，并根据它们对组织成功的重要程度赋予了一定的权重。例如，一个金额为100万美元的销售意向，很可能没有一份已签署的、金额为20万美元的合同重要。你可能希望将一些产出指标合并到成效指标内，这些产出指标包括：

- 赢得的提案。
- 争取到的新客户。
- 额外产品的销售。
- 举荐。
- 客户的表扬信。
- 客户给予的奖励。
- 与客户共同开展的营销努力。
- 解决的客户问题。

在设计客户关系管理分析指标的这一部分时，权重的分配应当考虑到不同产出指标对现有客户关系的重要程度。基于此，较好的做法是为那些与产品或服务的质量相关的产出指标赋以25%的权重（产出指标的总权重为35%），而剩下10%的权重赋予销售人员或客户代表。虽然大额销售对于公司和销售人员而言都是非常重要的，但这却不是加强客户关系所必需的。

4.8 度量客户关系的成效指标

产出是指能够很容易计算或量化的产品或成就。一种产出可能拥有明显的价值（如一份订单），或者是预期能够产生价值的一些事物（如一份已递交的提案）。而成效则是一些不易量化或计算的事物，但它通常比产出更重要。例如，长期的、相互信任且有利可图的客户关系是一种重要的成效，与直接邮件促销活动带来的反馈数量相比，它更加难以计量。

请记住，客户关系管理流程的目的在于与重要客户建立稳固的、良好的、长期的关系，以便为公司带来更多的利润。我的客户公司中很多都设计了一个管理关系分析指标，用来度量公司与每个客户间关系。其中有一家设备公司，位于圣何塞，该公司称这一度量指标为“客户关系指标”（the Customer Relationship Index）。位于加利福尼亚 Orange County 的一家纺织品公司使用了一个类似的度量指标，并聪明地为它起了个名字：“婚姻指数”（matrimonial index）。

在这些客户公司中，度量指标的范围都从一级客户关系（level-1 relationship）开始。一级客户关系意味着该客户已经“嫁给”了另外一家供应商，但愿意与我们共进午餐或接听销售代表的电话；而五级客户关系表示该客户是一个“幸福的客户”，与公司有几年的合作关系，并且非常熟悉公司的销售代表和其他人员。

客户关系指数评分为 10，则表示该客户关系是一种真正的“婚姻关系”或商业伙伴。得分为 10 分可能意味着一个长期的合同、公司员工与客户间良好的个人关系、政治上的联系（如公司的 CEO 与客户公司的 CEO 是很好的朋友）、退出壁垒（这会使客户公司寻找一家新供应商非常困难且代价高昂）等。

两家公司对于“婚姻指数”所包含的每个数字都有自己用以衡量客户关系牢固程度的特定标准。另一家客户公司引入了一个名为“丑陋的棍棒”（ugly stick）的投入指标，以及一个名为“关系指数”（relationship index）的成效指标。在计算该指数时，需要考虑以下两个方面：

- 吸引力 1～10 分
- 客户关系 1～10 分

“评分为10分”或“具有吸引力”的客户具备下列特征：

- 发票在30天或更短的时间内支付。
- 产生稳定的利润。
- 购买量比较大。
- 与供应商成为合伙人。
- 是一家比较稳定的、可以存在较长时间的公司。
- 是一家诚实且有道德的公司。
- 能够对其他潜在客户产生好的影响。
- 关系很容易维持（如不需要太多的维护）。

而“一级客户”或“丑陋”的客户则与上面所描述的特征刚好相反。一些客户一年两次被给予“丑陋的棍棒”评级，原因在于它们的状况不时地发生着变化。其中一些客户会越来越“丑陋”，而另外一些客户则会越来越好。例如，一家成功的航空公司几年前在吸引力方面的评级可能为9分，而现在由于濒临破产被降为2分。

1～10分的客户关系指数同样也是一个重要的成效指标。公司为特定类型的客户确立了目标，同时也为其希望与这些客户建立的客户关系的类型设立了目标。图4.4举例说明了一家公司如何构建该度量指标。

吸引力水平	客户关系目标
非常有吸引力9～10分	9～10分，幸福的“婚姻”或伙伴关系
很有吸引力7～8分	7～8分，已“订婚”；良好的客户关系
有吸引力，但有少许缺陷5～6分	5～6分，经常“约会”，基本良好的客户关系
一般，有一些缺陷3～4分	3～4分，偶尔“约会”，但尚未真正信任；客户利用其他供应商
“丑陋”，有很多缺陷1～2分	1～2分，偶然一起进午餐，已“嫁给”其他供应商

图4.4　吸引力/客户关系指数示例

客户关系指数很有可能成为你的客户关系管理指数中成效指标部分内权重很大的次级指标之一。其他重要的成效指标可能包括：

- 从现有客户的销售增长中获得的利润。
- 从现有客户的毛利增长中获得的利润。
- 从现有客户所举荐的客户的销售中获得的利润。
- 客户满意度水平。
- 只有本公司一家供应商的客户。
- 将本公司列为优先考虑的供应商的客户。

4.9 本章小结

多数组织所提供的产品或服务都可以从别处获得。当前，客户比以往任何时候都有了更多的选择机会，他们可以选择在何处消费，也可以选择在哪里开展他们的业务。鉴于此，很多组织（从政府到教育、保健部门）都对自身的客户满意度进行度量，并且试图有所提高。但是，用来评价用户满意度的指标在过去 20 年里并没有任何改进。同样，度量变得更糟。调查你的推荐意愿的单一问题的调查并不比 10 个问题的调查更好——它也仅仅是一个调查而已。另外，没有人能够保证调查表会被填写。

意识到这一点后，领先的组织就开始设计更好的、更具创新性的客户满意度指标和客户关系指标。甚至那些能够控制客户的组织也需要度量其客户满意度。如果你做了很多让客户不满意的事情，那么客户最终将从别处获得同样的产品或服务。因此，计分卡上客户分析指标部分应当解答下列几个问题：

- 我们正在开发的新业务的类型正确吗？
- 我们是否采用了一个有效的、系统性的流程，来建立与客户的良好关系？

- 客户与我们之间的交易是否容易进行，他们是否可以自由地发表其看法？
- 我们的产品或服务是否总能满足甚至超过客户的要求和预期？
- 我们是否已与重要客户间建立了良好的关系，以确保他们继续保持忠诚并向其他公司推荐我们的企业？

组织实施客户关系管理已经很多年了，并不是什么新鲜事。销售总是围绕着建立关系来进行，即使没有销售过程流程图或客户关系管理软件和笔记本电脑，这些年里也出现了很多成功的销售人员。但是，同样在这些年里，很多公司在软件、培训和会议上花费了数百万美元，期望能够使其客户关系标准化并有所改善。但是，很多公司都没有做的事情是：度量其客户关系管理工作的有效性。对于像客户关系这样复杂的事情，单一的指标不太可能反映其绩效。我们所需要的是一个客户关系分析指标，该指标应当总结下列四个方面的绩效成果：

- 投入。
- 流程或行为。
- 产出。
- 成效。

这样一个高度集中而又十分明确的指标能够为高管提供所需的数据，在公司建立、维护与重要客户间良好且有利可图的关系的过程中，该指标能够帮助管理者监控其进展情况。

下一章将描述如何开发外部分析型指标。对外部度量指标表述最准确的就是分析型指标，因为大量的外部因素会对大多数组织产生重大影响。对这些因素的度量对预测未来、确定组织战略至关重要。同时，这些指标极少包含在组织的计分卡中，这样的遗漏几乎是不可理解的。

客户度量指标和分析指标要点

- □ 现在，绝大多数计分卡都包含了对客户满意度和忠诚度的度量。
- □ 这一领域的大多数指标都存在严重的缺陷。它们提供的数据缺乏真实性，顾客样本（sample）很少，而且没有与未来的购买行为联系起来。
- □ 组织在吸引恰当的新客户的过程中，需小心谨慎，且应当制定一个度量指标，度量更多的方面，而不仅仅是销售的增长——组织需要清楚这些新客户的质量。
- □ 在经历了大量不愉快和愤怒后，客户会去寻找新的供应商，而且绝大多数客户并不会填写调查表或进行报怨——他们只是走开而已。
- □ 组织需要这样一个度量指标：能够清楚地说明组织每天做了多少糟糕的事情，而这些事情又到底糟糕到什么程度。有了这样一个度量指标，组织就能够对客户的失望与愤怒程度进行度量。
- □ 建立客户关系是一门艺术而非技术，因此对这一过程的度量应当重点关注已证明能够加强客户关系的行为，而不是去关注原理或容易计算的事物。
- □ 大多数计分卡都需要增加一个成效指标，以度量公司与客户间的关系是否健康。这样做的目的在于与正确的客户间建立适当程度的伙伴关系，以推动公司盈利和成功。

第5章 外部分析型指标：量化决定企业成败的因素

本章的目的在于，通过量化外部因素和变量，以分析那些会对组织绩效产生重大影响的因素。同任何指标一样，外部分析型指标（external analytics）中包含的因素应该是能够定期度量的，而不应该是一个事件。例如，飞行员需要关注很多与天气相关的指标，如风速、雨雪或云量。虽然卡特里娜飓风（Katrina）也是一个会对飞行产生重大影响的外部因素，但那只是一个事件，而不是度量指标。

外部指标与该组织计分卡中的其他类型的指标有一些共同特征，但是组织无法控制大部分外部指标或对这些指标的影响有限。利率对抵押公司的收入和利润有巨大影响，但是抵押公司却不能对利率产生影响。类似地，对很多制造企业来说，能源成本是一个重大影响因素，但这些企业同样也无法影响能源价格。

这些因素以及其他类似的外部因素会对计分卡上的绝大多数甚至所有变量产生巨大影响。所以，如果不定期对所有因素进行观察和定量分析，那将是一个巨大的错误，对所有组织而言都是这样，无论是企业、政府还是非营利组织。政府机构的计分卡需要定期监控品牌形象等指标，就像百事公司或耐克公司所做的那样。国防企业需要定期监控威胁、国防支出等因素，因为这些因素的变化将对组织产生巨大的积极或消极影响。被监管机构勒令关闭、损失一个重要的合作伙伴或供应商，都会令人措手不及，如果能够预测到，你就可以提前做好准备。外部指标并不总是对厄运的警示，它也会展示一些非常积极的方面。例如，在过去几年里，住房需求上升对建筑工人来说就是一个利好的信号。

图5.1列出了一些问题，在进行外部分析时必须给予回答。图5.2列出了外部度量指标的种类。本章后面的部分将对这些因素进行详细分析。

组织的外部分析型指标需要回答下列问题：

- □ 我们的知名度如何？品牌形象如何？
- □ 影响组织的政治、经济形势发生了怎样的变化？
- □ 竞争和威胁对组织造成的风险程度如何？
- □ 组织和核心供应商、合作伙伴的关系如何？
- □ 在遵守规章制度和法律要求方面，组织做得如何？

图5.1 外部分析型指标需要回答的问题

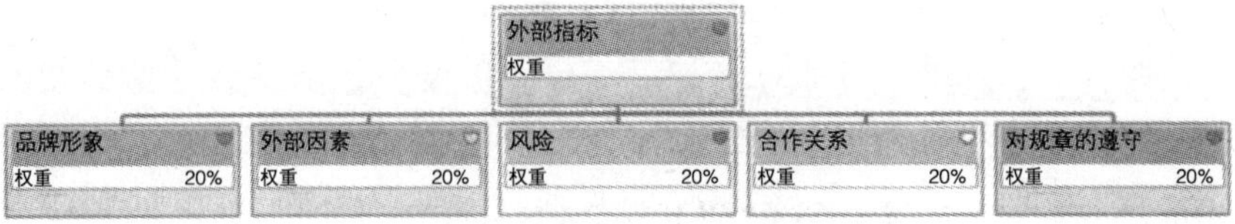

图5.2 外部度量指标的种类

5.1 品牌形象的度量

大公司动辄花费数百万美元，以使让人们了解其公司、产品和服务，并让人们联想到它好的一面。想一想百事集团和可口可乐公司的做法你就会明白，为了超越对方，它们总是不断提高商业广告的投入。在世界任何一个国家，人们都能认出这两家公司的商标。品牌形象对于政府组织和非营利组织来说也同样重要。但是，在很多情况下，某些组织知名度的提高是因为某些事情出了问题。其中一个例子就是过去几年中美国应急管理署（FEMA）知名度的显著提高。媒体的负面报道使得美国的每一位公民都知道了 FEMA 是一个什么组织，以及它真正做了些什么。同样的事例也发生在安然公司（Enron）身上，它为自己赢得了一个糟糕透顶的品牌形象（该公司于 2001 年晚些时候宣布破产）。

创建品牌形象指标。组织的品牌形象指标包含两个维度：一是认知度；二是形象。换句话说，一是有多少人知道你是谁（你的公司或组织），二是有多少人知道你在做什么。对政府组织而言，形象通常重于知名度。政府机构花费大量金钱以扩大其“影响范围”（outreach，这是政府的用词，在企业中，这被称为“营销”），不仅使其形象对本国的公民更具吸引力，同时也使其影响范围超越国界。

获得认知度数据（awareness data）的典型渠道是电话和邮件调查，偶尔也会通过拜访购物中心或参加重要集会的人群得到。通常，调查人员会请上述活动的参与者列举三个主要的打折航班、连锁旅店、电脑品牌，或哪些组织能代表你所在的行业，然后记录下那些参与者未经提示说出的答案。如果你对通过这种方式得到的知名度数据有任何疑问的话，可以先试问一组人群，让他们列举三种软饮料。我敢打赌百事可乐和可口可乐肯定会榜上有名。

度量政府机构的品牌认知度有些复杂。政府机构并不感兴趣有多少人知道它的名字或标志，它们更感兴趣的是纳税人或消费者是否知道它们在做什么。政府机构通常发现人们对其宗旨或职能十分困惑或一无所知。当加利福尼亚州圣何塞的圣克拉拉山谷水利局（Santa Clara Valley Water District，SCVWD）的管理者问当地居民该组织的主要职能时，他们发现大多数人只知道家里的自来水是由其供应的。这并不完全正确，SCVWD 实际是一家水资源批发商，而城市的零售商才向居民消费者或者企业提供自来水。

与组织品牌形象有关的另一个维度是“人们怎样评价我们的产品和服务”，搜集能够回答这一问题的数据有些困难。图 5.3 列举了客户在进行品牌分析时有价值的数据来源。

- □ 报纸或杂志的相关内容。
- □ 调查/访谈/核心小组提供的数据
- □ 网络博客。
- □ 网络点击量或谷歌或雅虎搜索引擎。
- □ 经纪人评级。
- □ 股价。
- □ 杂志或报纸编辑收到的信件。
- □ 组织得到认可和奖励。
- □ 收到的求职者的简历。
- □ 杂志或专业组织的排名或评级。
- □ 看到你所登广告的人群的数量以及他们看到的次数。
- □ 公司发起的活动或团体会议的参与程度。
- □ 政治精英或产业巨头等有影响力的人的认可和支持。
- □ 来自离职员工离职谈话的数据。

图 5.3　品牌度量指标的可能数据来源列表

还有一些指标可以加入品牌指标中，如顾客的品牌忠诚度或重复购买率，但这些指标更适合度量平衡计分卡中的客户关系部分（请参考第 4 章）。品牌度量指标度量的应该是人们的意见，而不是他们的购买行为。品牌分析指标是先行指标，它不应该包括任何对成效指标的度量（唯一的例外可能是股票价格）。

创建品牌分析指标的困难之处在于如何量化上述信息源所提供的数据。在量化上述数据的过程中，你需要考虑下述四个因素：

1. 有多少人处于公司信息的覆盖范围之内？《华盛顿邮报》（*Washington Post*）刊登的信息当然比只有 30 人参加的社区会议更有效。
2. 有多少人在对组织的认知和观念的形成过程中，受到组织提供的信息的影响，不论这种影响是正面的还是负面的？小镇小报背面 50 字的文章当然无法达到在电视台“看天下”（dateline）节目中播出 20 分钟的效果。

3. 信息来源的可靠性及其影响程度如何？小报上的文章和《纽约时报》（*New York Times*）上的文章，其可靠程度当然不可同日而语。
4. 信息的正面或负面的程度如何？营销和广告信息当然完全是正面的，但是出版商喜欢披露坏消息。因此，晚报新闻专栏很少有对公司产品和服务的正面报道。坏消息也会提高知名度，但不会提高品牌形象。除非你是好莱坞明星，否则你就要尽量避免负面报道。

在计分卡中跟踪品牌指标的组织通常每天或每周对其绩效进行计算。你可以根据自己的需要和数据来源的要求，对其复杂程度进行调整。我的公司就使用了相对简单的品牌指标，它包括以下四个部分：

- 网站点击率：10%。
- 书刊销售：30%。
- 参加我举办的研讨会和演讲的人数：50%。
- 引用：10%（感谢 amazon. com 公司使我能够免费对此进行查询）。

我偶尔也会出现在出版物中（采访、报纸刊登的文章等），但是由于不常见，我并没有将它纳入度量指标体系中。

大公司或政府机构有很多员工，它们知道如何跟踪、计算更加复杂的品牌分析指标。广告代理和营销公司也能跟踪特定广告和沟通技术的影响。一个企业的品牌分析指标可以设计成如图 5.4 所示的形式：

品牌认知度	品牌形象		
30%	70%		
	意见	评级	营销
	40%	20%	40%
	分析	股价	商业出版物
	30%	30%	40%
	消费者	专业性/商业	奖励/评级
	50%	30%	20%

图 5.4　品牌分析指标示例

5.2 外部因素的度量

外部因素是指对存在于企业之外、对企业成功有重要影响的变量。如果你从事地产业，下述四个变量将会对你的成功产生重要影响：可用库存（即正在销售的房屋）、利率、房产开发所在地的住房需求以及房价。这些变量中的任何一个都会对企业绩效产生正面或负面影响。当然还有其他的外部因素，如当地的经济水平、消费者物价指数、就业情况等。但是，将外部因素限定在 2 ~ 6 个之内很有必要。这 2 ~ 6 个指标必须与企业和客户休戚相关，并能直接影响企业绩效。

5.2.1 建立外部因素分析型指标

建立分析型指标的一个很好的起点是列出当前正在关注的对企业有重要影响的报告和数据，然后再添加一组当前你没有关注到的外部指标。通常，这些指标可能很难量化，但是它们可能是你需要考虑的最重要的因素。

例如，医疗设备公司（如 Medtronic 公司，它生产起搏器和类似的设备）需要关注的两个外部因素是关于政府（它会影响医疗保健行业）和人寿保险公司（当患者需要的时候，由它们支付产品的使用费）的知识。此外，政治也是你必须考虑的一个重要外部因素。图 5.5 列举了建立分析型指标时需要考虑的外部因素的类型：

- ☐ 所服务的行业和市场的经济走势。
- ☐ 所处的行业和市场的经济走势。
- ☐ 规章制度的变化。
- ☐ 政治因素。
- ☐ 消费潮流与消费者偏好。
- ☐ 研究报告或新统计的数据。

图 5.5 构建外部因素分析型指标时需要考虑的外部变量类型

5.2.2 案例一：飞机维修公司的外部因素分析指标

图 5.6 描述了美国一家为大型航空公司提供飞机维修服务的公司的外部因素分析指标：

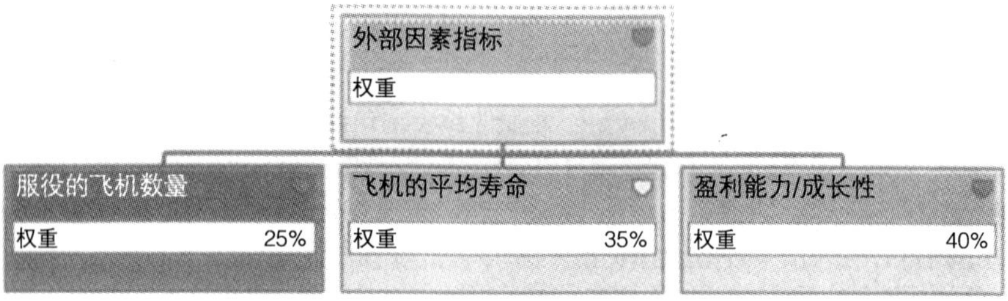

图 5.6 飞机维修公司外部因素分析指标示例

外部变量一：服役的飞机数量。由于该公司是为航空公司提供维修服务，因此摸清该公司所服务的航空公司有多少飞机正在服役以及这些飞机的平均寿命是很重要的。2001 年“9·11”之后，航空公司将很多飞机存放到沙漠中，因为乘飞机旅行的需求下降了。这也意味着飞机维护的需求较以前下降了。

外部变量二：飞机的寿命。飞机的平均寿命一般通过服役年数和飞行里程来度量。西南航空公司的飞机相对较新，但由于使用频繁，与未超负荷使用的波音 777（或者周飞行小时数较少）相比，它往往需要更频繁的维护和修理。

外部变量三：盈利能力及成长性。这家企业所服务的航空公司的盈利能力及成长性也是一个重要因素。事实上，在本例中，它的权重最高。这家公司所承担的绝大多数工作都是零星的或装饰性的，例如喷漆、维修座椅、修理座椅背后的小茶几以及乘客的娱乐设施。如果航空公司出现财务困难，那么它很容易推迟一些小项目的维修，除非这与安全关系密切。

如果你经营的是一家航空公司或汽车公司，燃料价格也是你必须考虑的一个外部指标。如果你经营的是加州的一家消防公司，降雨量也许是一个很好的指标，因为降雨量少，灌木丛等着火的风险就会提高。

5.2.3 案例二：政府交通部门的外部因素分析指标

图 5.7 描述了负责建造和维护公路、桥梁、高速路的州交通部门需要考虑的外部因素。政治因素的权重最高，因为政治因素会影响交通部门的工程支出。在加州，这一指标可能会亮起“绿灯”，因为州长施瓦辛格先生计划在未来几年内增加公路建设的支出，尤其在交通拥堵的地区。密歇根州的州长同样也准备增加公路、桥梁维护的支出，而且这一维护过程将持续多年。

人口变化	政治因素	燃料价格	车辆数量/类型
30%	40%	10%	20%

图 5.7 州交通部门的外因分析指标

人口变化是需要度量的一个重要指标，因为人口越多，车辆也越多。燃料价格对驾车出行也会产生影响，但这种影响的权重很小。公路上行驶的车辆类型与数量是一个重要的指标，因为重型卡车或者 SUV 车会比客运车辆对公路使用的需求更高。

在上述四个指标中有三个是很容易度量和计算的，而政治因素最难度量，度量这样的指标需要跟踪预算法案、表决、新的资金、选举、演讲内容和竞选时的许诺（虽然竞选承诺的权重很低）。

5.3 风险：评估组织的暴光度

对于大多数组织来说，在平衡计分卡中包含风险因素是非常重要的。虽然永远都不可能完全排除风险，但是好的平衡计分卡应该量化特定时期内组织面临的风险。这会使你制定更明智的资源配置决策。尽管组织花费了大量的资源以试图最小化各种风险，但少有企业量化这些风险，并把它们包含在管理者的计分卡中。

政府风险分析指标的一个很好的例子是国土安全部警报系统（Homeland Security Advisory System）的风险指标。这一指标的范围包括从较低的恐怖主义威胁（绿灯）到严重的威胁。在创建这一度量指标的过程中，要考虑各种具体的因素，因此这是一个建立分析指标的很好的实例。这一指标的一个问题是公众并不理解这样的评级意味着什么，也不知道如何根据这样的评级来调整自己的行为。亚瑟·唐纳德·费希尔（Author Donald Fischer）创建了一个杰出的分析型指标，用以评估应对安全风险的备战情况。费希尔提出的分析型指标如图 5.8 所示，它描述了威胁的严重程度以及应对威胁的备战情况（红灯至绿灯）。备战情况采用三个衍生自鲍得里奇美国国家质量奖（Baldrige Award）标准的指标——风险临近、部署和结果——进行度量。

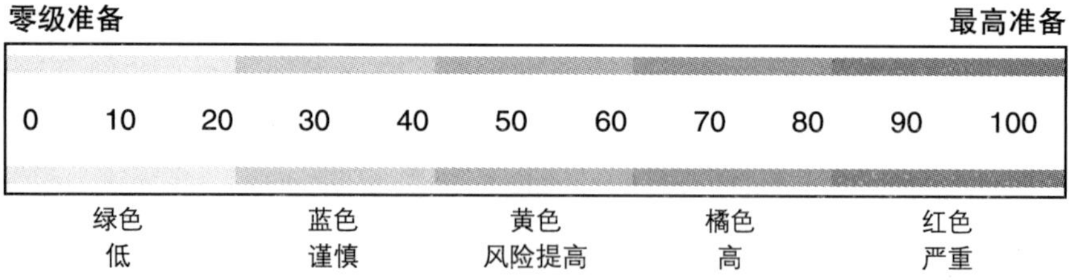

图 5.8　安全威胁分析型指标

创建风险分析指标。当创建风险分析指标时，需要考虑如图 5.9 所示的风险或威胁类型：

- □ 竞争性威胁。
- □ 环境风险或威胁。
- □ 安全或治安威胁。
- □ 与研究发现相关的风险。
- □ 法律风险。
- □ 技术风险或威胁。

图 5.9　建立风险分析指标所必须考虑的主要风险和威胁

当为组织建立风险分析指标时，第一步是应用上述列表从整体上鉴别会对你的组织造成影响的风险类型，第二步则是根据各风险的重要程度确定权重，最后一步是确定如何评估各个因素的风险水平。记住，这一指标是先行指标，而不是对已经发生的不利事件的度量。

由于组织性质不同，指标体系所要应对的风险类型也会有很大的差别。例如，个人信息被盗用和分支机构现金失窃是银行所要阻止的风险；而加州交通运输部门所要应对的风险则是紧急的气候情况，如洪水、飓风和暴风雪。

加州纽瓦克的风险管理公司（Risk Management Solutions）正在开发一种有趣的风险分析指标。该公司曾设计了一种能够协助预测“Nat-Cats”（暴风、地震等重大自然灾害的简写）的指标。该公司现在还和兰德公司（Rand）合作开发新的指标“L-Cats”（人为责任灾难的简写），虽然“L-Cats”分析指标体系要到 2009 年才能完成，但这些指标的出现对平衡计分卡有很大的借鉴意义。不管要应对何种风险，你的组织都必须确立清晰的度量维度。下列问题可提供参考：

1. 发生负面事件的概率有多大？（0～100%）
2. 该事件对你的公司影响有多大？（0～100%，从很小到具有毁灭性）
3. 准备情况处于什么水平？（0～100%，准备程度百分比）

为使这一分析指标体系发挥作用，你必须进行最大限度的准备，假定它发生的概率最高，并对组织产生最坏的影响。你永远都不会处在零风险水平，绿色区域应该介于可接受的最低风险和最高准备程度之间。

5.4 合作关系：度量其效果及影响

当今大多数组织都不是自给自足型的，而是要依赖由供应商、销售商、合作伙伴所组成的广泛的网络才能生存。这些外部组织帮助企业取得成功。一些政府机构也借助外部承包商来完成工作：国家能源部（Department of Energy）位于萨瓦那河（Savannah River）的一个分支机构只有500多名联邦政府雇员，但却有5000多家承包商，这是最典型的例子。汽车制造公司依赖销售商进行汽车的销售和维修。在宾夕法尼亚州的空气化工产品公司（Air Products and Chemicals）每1美元的支出中，就有66美分花在了供应商身上。所有这些例子都说明了外部合作伙伴的重要性，但很多组织的计分卡在度量这种关系时，最多只用几个滞后指标（准确下单或及时供货）来给供应商打分。

建立合作关系分析指标。下面这两个相当宽泛的问题能帮助你确定在合作关系分析指标中需要度量哪些指标。

1. 该组织对我们成功的重要性有多大？
2. 我们两者之间的关系密切程度如何？

要回答第一个问题，你需要根据图5.10所列出的要素类型为供应商创建一个0~100或1~10的等级标准，每一个供应商或合作伙伴都应该由组织中知识渊博的人来评定等级，评级每年进行4次，以确保不会遗漏相关的变化。

1. 你每年在这家公司身上花多少钱？
2. 两家公司合作多长时间了？
3. 该企业的产品或服务对本公司的成功有多大的影响？
4. 有多少其他的供应商提供同类的产品或服务？
5. 该企业的产品或服务的独特性如何？

图 5.10　对供应商进行评级时需考虑的问题

要回答第二个问题，你需要按 1～100 或 1～10 对关系的密切程度进行评级。图 5.11 提供了一组度量关系健康度的可能的指标。

1. 你对该公司绩效的评级。
2. 该公司对你的绩效评级。
3. 两家公司合作的时间。
4. 该公司是否只与你的公司合作。
5. 两家公司私人之间的联系及友谊。
6. 该公司与你的组织其他部分的关系如何。
7. 合作企业对你的公司的了解，以及该公司的运营情况。
8. 政治联系。
9. 寻找替代供应商或合作伙伴的难度（从你的视角看）。
10. 该公司寻找其他合作伙伴的难度（从他们的视角看）。
11. 你的企业占合作伙伴收入的比例。

图 5.11　评价供应商或合作伙伴关系需要考虑的因素

加州 Momentum Textiles 公司的计分卡是使用这些信息的一个很好的例子。该公司的计分卡中有一个度量合作关系的指标，能够衡量该公司与其生产商（生产该公司设计的产品）之间的合作关系。使用这一分析指标，Momentum Textiles 公司能够发现与哪些采购商之间还存在问题，需要进一步提升合作关系。该公司最近与中国的纺织厂进行了合作，并开始建立信任关系。对该公司来说，中国的纺织厂更重要一些，因为它们为 Momentum Textiles 公司生产大量的产品。但是，两者之间的合作关系还不够稳健，因为共事的时间还不长，时区、语言和文化障碍也使得关系的提升面临挑战。

5.5 遵守法规：度量满足法规要求的程度

我们需要遵守多种法律法规，因为所有的组织都受到各种法规的管制。但无论如何，在遵守法规的过程中，总会有无法预料到的问题出现，届时，企业的领导已经不需要通过计分卡查找原因，因为问题已经很明显地暴露出来。守法指标的目的很明确，就是通过预先检测组织在遵守法规要求方面的表现，阻止可能发生的违规行为。在过去10年里，遵守法规一直是一项很重要的指标，内部交易、伪造研究报告和审计结果、财务造假等都是违规行为的代表。商业领域中这些声名狼藉或者令人难堪的事实，从另一方面反映了在管理者计分卡中增加守法指标的重要性。

建立守法指标。建立守法指标的第一步是为监管企业的每一种法规确立权重，企业可以从以下三方面着手：

- 满足法规要求所需的工作量。
- 违背法规的严重性。
- 受法规管制的因素对企业的重要性。

化学制品或自来水公司很可能对环保协会或其他地方环保要求赋予较高的权重。类似地，银行和投资公司很可能对政府的金融法规赋予很高的权重。

第二步是找出哪些指标需要加入分析型指标中。这是一个过程，而任何一个过程分析型指标通常都是投入、流程、产出以及成效指标的结合。企业需要对上述四个因素赋予不同的权重。典型地，投入和流程指标往往被赋予较高的权重，而成效指标被赋予的权重往往很低，因为只有少数组织能有向外推广的成果。图5.12给出了一组可供参考的权重和实例：

指标权重的类型	权重	实例
投入	25%	法规数据的完整性 法规管理范围的更新 法规要求的相关知识 确保满足法规要求的活动有文档记载
流程	35%	内部审计的客观性 内部审计的彻底性 对与法规相关的程序的遵守 与法规要求相关的培训的有效性 完成与遵守法规相关的重大项目 审计、培训以及其他预防性措施的一贯性 流程优化
产出	30%	反复推敲审计结果 审计报告的准确性和完整性 改正审计中不足之处的计划的完整性及其质量 满足法规要求所花费的成本
成效	15%	受到与守法相关的表彰或奖励 表彰、罚款、违规 违章或受到惩罚的严重程度 收益或损失的证明 审计频率的下降 被其他公司当成标杆来学习的请求 外部管制机构的审计得分

图 5.12　守法因素及其权重

5.6　本章小结

如果管理人员计分卡中不包括对发生在组织外部、对组织绩效有重要影响的一系列外部指标，那么该计分卡就是不完整的。外部变量虽然是组织无法控制或很难控制的影响因素，但它们也可能会引起计分卡上其他一些变量的重大变化。许多有先见之明的组织都收集了此类外部信息，但却没有量化在其计分卡上。如果包括下列外部度量指标，那么计分卡将更有用，也将更易于理解：

- 品牌形象。
- 外部因素。
- 风险和威胁。
- 与供应商和合作伙伴的关系。
- 遵守法规。

组织通常会收集此类数据，但是我还没有看到哪家大公司对这些外部变量进行定量分析。在绝大多数时间里，这些数据只在研究或审计报告中才出现，而且通常是一年一次。许多组织经常雇用第三方来应对紧急情况或者向其供应商提供应急报告。如果组织不是将这些数据用于偶尔的研究，而是将这些应对外部因素变化的指标纳入其计分卡中，那么很多组织将会从中获益。我强烈建议这样做，因为本章所讨论的外部因素指标无论是对组织的成功还是对你个人的绩效来说都是至关重要的。虽然大多数变量不受组织的影响和控制，但是你是应该对这些变量进行持续监控。

如果同时对外部指标和内部绩效指标进行监控，那么计分卡将成为一个更好的分析与决策工具。正如飞行员的仪表板上有一大堆测量仪帮助他们监测天气情况一样，组织管理者也需要计分卡上的外部因素分析型指标协助其制定决策。

下一章将关注人力资源指标。平衡卡上的这一部分内容也许是最简单、最粗糙的，但这一部分其实是最重要的。对于企业的成功来说，员工满意度和智力资本等度量指标在当今的商业环境中是至关重要的。

需要牢记的外部因素指标要点

- □ 外部因素对于企业确立目标和制定战略乃至整个企业的成功具有重要意义。
- □ 大多数计分卡中并没有包含对外部变量——如品牌形象、政治和经济因素、竞争以及其他因素——的度量。
- □ 如果定期度量外部因素，并辅以其他的度量指标一并进行分析，那么计分卡将成为一个更有效的管理工具。
- □ 外部因素分析指标应考虑的因素包括：品牌形象、风险或威胁、供应商或合作伙伴的绩效、守法的程度。
- □ 这些指标中的任何一个达不到标准，都有可能使组织蒙羞，因此，对这些指标的分析不应该被限定在年度评估报告中。无论是分析频率还是准确度，这些指标都需要和公司绩效内部分析指标受到同等的重视。

第6章 人力资源指标——度量企业最重要的资产

越来越多的欧洲和北美国家正在经历从制造业向服务业的转型，完成这一转型需要不同层面的技能和知识。转型正激发各行业各组织在人力资源的评价体系方面发生变化，这是其获得成功的重要因素之一。在制造行业，如钢铁厂和造纸厂，人力成本并非主要成本。而在软件行业、政府机构或航空公司，情况则相反。此外，从所要求的知识结构看，制造业人士与服务业人士也大相径庭，而服务业在当前已经占据了主导地位，同时，员工满意度的重要程度也发生着变化。一些研究表明，员工满意度与企业成长、获利和客户忠诚度之间存在很强的关联性。尽管出现了上述变化，人力资源分析指标仍然是绝大多数组织计分卡中最简陋的度量指标。

对比当今和20年前各组织的人力资源度量指标，我们会发现根本没发生多大变化，这也使得这些度量指标实质上毫无用处。不过，民意调查组织盖洛普公司（Gallup）是个明显的例外，该公司对成百上千家公司进行了调研，确定了在员工满意度调查中需要关注的12项最重要因素。《首先，打破一切常规》（*First Break All The Rules*）这本相当不错的书展现了盖洛普的研究成果。然而，这一突破也有其局限性，他们建议的调查仍然是一年进行一次，而没有将每天甚至每小时都在变化的员工士气考虑在内。本章将介绍度量人力资源的另一种方法。

图6.1列出了计分卡中人力资源分析指标需要回答的问题；图6.2

列出了五项最基本的人力资源度量指标：员工满意度、健康和安全、道德和多元化、人力/智力资本（是否雇用了具备合理的知识结构和技能的员工）以及沟通效率。当然，并不是所有组织都需要上述五项指标，但是这五项指标的确值得考虑。

计分卡中人力资源指标部分需要回答下列问题：

- ☐ 员工满意度和敬业度如何？
- ☐ 员工健康和安全状况如何？
- ☐ 在道德和多元化方面做得怎样？
- ☐ 是否雇用了具备合理知识结构和技能的员工？
- ☐ 与员工的沟通是否有效？

图 6.1　人力资源分析指标需要回答的问题

员工满意度分析指标	健康与安全分析指标	道德与多元化分析指标	人力资本分析指标	沟通效率分析指标

图 6.2　基本人力资源分析指标

组织性质和从事行业的不同决定了上述五项度量指标各自权重的不同。比如在高危制造业企业中，健康与安全这项度量指标的权重可能就比较高。刚刚输掉几场与多元化有关的官司的企业和不得不开除违反道德的经理和主管的企业可能会赋予道德与多元化这项指标更高的权重。通常在各个行业中都十分重要的三项度量指标是：员工满意度、人力资本和沟通效率。为了便于说明，我们为人力资源分析指标的这五个次级指标赋予一般性权重，如图 6.3 所示：

1. 员工满意度	25%
2. 健康与安全	10%
3. 道德与多元化	15%
4. 人力资本	30%
5. 沟通效率	20%

图 6.3　人力资源分析度量指标一般性权重

计分卡中人力资源分析指标几乎可以应用到每个组织中。无论是为医院、学校、服务公司、政府、军队还是制造企业设计计分卡，其中的人力资源度量指标基本上是相同的，而计分卡中其他部分在各行业具体环境中则大不相同。不管怎样，任何一个雇用了大量员工的组织都应慎重考虑图 6.3 中的五项度量指标，并系统地利用这些指标衡量员工的表现。小型组织，比如只有 12 名或更少员工的企业，其计分卡中不一定包含人力资源度量指标。但这并不意味着放弃或忽视人力资源指标，而仅仅是指可以用另一种方式收集数据——也许可以通过与员工进行定期交谈。下面我们详细讨论上述五项度量指标。

6.1 人力资源度量指标一——员工满意度

盖洛普公司称一名快乐并满足的员工为“敬业的员工”。无论怎么称呼这些员工，一个组织都应该知道有多少员工清晨起床后惧怕上班，有多少员工期盼一个新工作日的来临。但是，多数组织对此知之甚少。当某些员工因工作压力过大而“发疯”或大发脾气后辞职走人时，同事们往往知道原因，但是经理们却大感震惊。对经理们来说，其中的原因也正像那些本来根本不必工作的百万富翁们却来上班一样神秘，他们按时按点上班并不是为了得到报酬，而是因为他们热爱自己的工作。

以上例子多少有些极端，因为大多数人并不属于上述人群。多数人对自己的工作谈不上满意也谈不上不满意，说不上敬业也不能说不够敬业。图 6.4 列出了为什么组织需要关注这一问题。

1. 满意的员工生产效率更高，他们付出 110% 的努力而非凑合了事以避免被炒鱿鱼。
2. 满意的员工往往不会偷窃或欺骗公司。
3. 满意的员工更乐意尝试承担风险并更具创新性。
4. 满意的员工在出现岗位空缺时会推荐他的朋友，这是在招募的预先筛选中节省时间和成本的好方法。
5. 满意的员工往往善待顾客和供应商，这将带来更高的顾客忠诚度和利润。

图 6.4　让员工满意的五个理由

6.1.1 成为最佳雇主

组织愿景声明中最普遍的主题就是组织“希望成为顾客、股东和员工的第一选择”。事实上，如果每一个在其战略计划或愿景声明中提到希望“成为最佳雇主”的组织给我 1 美元，我恐怕早就可以衣食无忧地光荣退休了。然而，“成为最佳雇主”已经成为那些并没有认真思考其战略计划的公司使用的又一个噱头。制定出卓越的战略规划仅仅靠时髦的术语可不够，而是需要像星巴克（Starbuck）、西南航空公司（Southwest Airline）、里兹卡尔顿酒店（Ritz Carlton）以及 Container Store 公司一样将创造最佳的工作环境作为其战略计划的重要组成部分。这些公司在寻求和保留最优秀的员工方面尽心尽力，并将自己的成功归于这一战略。

对大多数公司和政府机构来说，打造最佳工作环境任重而道远。医疗保健行业可能是其中最糟的。根据美国医疗协会的最新调查，75% 的医疗从业人员宣称其满意度不如以往，2/3 的医生告诫他们的子女日后不要涉足医疗行业。对于这个以往一直被认为是光荣而理想的职业来说，这的确有些可悲。然而，一些医院和诊所正努力和上述趋势作斗争，并且看上去的确十分注重员工的士气。他们注意到，高涨的士气可以在很多方面带来回报。事实上，员工满意度是浸信会医院（Baptist Hospital）首席执行官艾尔·斯达伯菲尔德（Al Stubblefield）转型战略（turnaround strategy）的基础。几年前，他带领位于佛罗里达州彭萨科拉（Pensacola）城的浸信会医院获得了鲍得里奇美国国家质量奖（Baldrige Award）。

作为一名雇主，如果你坚信创造卓越的工作环境的价值，那么要达到这一目标，最大的挑战就在于如何知道你已经做到了这一点，并如何在这一过程中衡量你的进展情况。你不妨考虑以下几种方法。

6.1.2 《财富》杂志如何评出 100 位最佳雇主

《财富》（*Fortune*）杂志每年都会评选出 100 位最佳雇主并进行排名。名单上的许多公司家喻户晓，比如星巴克、思科和微软，但是前

25 强中很多公司你可能从未听说过。实际上，以 2006 年为例，前 5 强中恐怕只有 Wegman's Food Markets 才算得上是大公司。

当然，排名远不止是名望的比拼：《财富》杂志用非常具体的度量指标为最佳雇主们打分，其中 2/3 的指标是根据员工满意度调查确定的，另外 1/3 则取决于企业为员工提供的特别服务和项目、特殊福利以及营业额、就业增长、年求职者数量、培训时间以及专职人员和按小时计酬雇员的平均薪酬水平等硬性指标。

登上《财富》100 强排行榜的各家公司都有其引人注目的独特之处。例如，2006 年在《财富》100 强中排名第一的是医疗研究机构 Genentech 公司。除了为一项高尚的事业（抗癌）而奋斗外，这里的 8000 名员工中 95% 是公司股东，他们持有的股票价值近年来不断飙升。排名第五的戈尔公司（W. L. Gore & Associates）通向“卓越”的道路则大不相同。这家公司居然没有老板、工作头衔和组织结构图，听起来这是一项真正的创新。

6.1.3 建立员工满意度分析指标

许多聪明人参与了《财富》杂志评选美国最佳雇主标准的制定，因此，借用他们的知识和成果构建员工满意度指标合情合理。与我合作过的一家公司希望自己的度量指标体系能反映出《财富》杂志关注的要素，包括《财富》杂志如何为每项员工满意度指标确定权重。这家公司构建的“最佳雇主”度量指标由图 6.5 所示的指标组成：

□ 员工满意度调查	65%
□ 离职率	7%
□ 就业增长	7%
□ 培训时间	7%
□ 求职者数量	7%
□ 平均薪酬	7%

图 6.5 《财富》杂志评选美国“最佳雇主”所使用的员工满意度指标

然而，图6.5所示的员工满意度指标存在几个问题。首先，上述次级指标中有几项很可能是年度指标，如员工满意度调查、就业增长和平均薪酬。更深层次的问题是，员工满意度调查的权重太大，而员工满意度并不一定是度量员工士气的最可靠的指标。借鉴《财富》杂志的研究成果构建员工满意度度量体系的确是一个不错的主意，而《财富》杂志的方法更加适合年度审计。《财富》杂志每年对公司是否具备卓越的工作环境进行一次评估，而我们要寻找的是每月至少可以度量一次的持续指标。注意，《财富》杂志测评的许多因素，如公司是否提供灵活的时间表、日托、健身中心、公休以及股票期权等，在一年内不会发生改变。

6.1.4 制定员工满意度分析指标需考虑的一些因素

过去的10多年中，一些公司设计出了许多有趣且极具创新性的员工满意度指标。图6.6列出了一些可以考虑的指标和可能激发更多想法的理念，但不要试图一次性使用全部指标，可以选择其中4~6个指标来构建你的分析型指标。

对于建立任何分析型指标来说，至关重要的一点是选择一系列分别代表过去、现在和未来的度量指标。例如：

- 离职率是一项代表“过去”的度量指标。
- 调查和投诉是关注“现在”的度量指标。
- 新引进的服务或当前员工推荐的新员工数是关注“未来”的先行指标。

两家新客户的员工满意度分析指标中有一个度量每日或每周压力的指标。第一家想到这一方法的组织是位于阿拉巴马州亨茨维尔市（Huntsville）的军事战略导弹防御司令部（Army's Strategic Missile Defense Command），该组织员工每周提交电子版的考勤表，组织在表格的最后添加了一个问题，要员工描述过去一周的工作情况，评分范围为

1～10分。1分表示过去一周的工作非常糟糕，员工很可能快要崩溃了；10分表示过去一周的工作十分愉悦，就算他们中了1000万美元的大奖也能继续认真地工作。

- □ 周工作小时数
- □ 每位员工平均收到的电子邮件数
- □ 花在会议上的时间所占比例
- □ 员工愤怒指数
  - 报告关系、老板和组织结构的变化
  - 办公地点迁移
  - 福利变化
  - 新软件
  - 新工作流程
  - 通勤/停车困难度
  - 旅行的次数
  - 会议
  - 新同事
- □ 样本员工每月需参与的调查
- □ 样本员工每月参与焦点小组的次数
- □ 员工投诉及其严重性
- □ 离职率指数（离职率×资历×工作水平）
- □ 外部候选人和内部候选人填补的工作空缺
- □ 日/周压力指数
- □ 随意矿工
- □ 因压力需药物治疗或休假员工的百分比
- □ 老员工推荐的新员工数
- □ 向员工提供的新服务或福利
- □ 员工使用新服务或新福利的情况
- □ 监管程度的提高或降低

6.6　评价员工满意度需考虑的度量指标

另一家组织——洛杉矶卫生局（Los Angeles Bureau of Sanitation）想出了一个不太需要技术的度量压力的方法。信息技术部的员工每天工作结束后根据这一天的情况在花瓶里扔进红色、黄色或绿色的弹珠（最初用的是玻璃瓶，但是管理者发现别人在花瓶里投进的弹珠会影响其他人的选择）。组织每天对这些弹珠进行分类、计数并绘出图形。显然，这是一种度量员工士气和压力的低成本方法。由于各个部门都放置着花瓶，因此这一方法可以让人们很容易看出不同部门员工的士气和承受压力的情况。当一个部门的红色弹珠较多时，主管就会与员工沟通过去一天的情况。所以，这些最初仅仅用来度量员工士气和压力的弹珠有了一个额外的用处——管理层和主管与员工的交流开始更加频繁了。

6.2 人力资源度量指标二——员工健康与安全

长期以来，制造业一直在关注员工安全。然而，这些企业使用的度量指标往往只是损失工时的事故数。换言之，只有员工受伤，这些指标数字才会发生变化。虽然这一滞后指标十分重要，但衡量一个组织员工健康和安全的指标涵盖的范围应该更广，服务行业甚至政府机构也应该关注员工安全。腕部和背部等疾病都不能被划入意外伤害中，但每年会为公司增加数百万美元的开销。

雇主也越来越关注员工健康。健康保险成本不断攀升，一系列与员工健康相关的问题促使雇主们开始针对不健康行为采取措施。肥胖是雇主最关注的问题之一。虽然拒绝雇用肥胖员工可能是违法行为，但这种情况并不少见。例如，一家美国最大也是最古老的临时工公司就在其面试表格上添加“密码”以指代某位求职者身体肥胖。

吸烟也是雇主关注的问题之一。全民保险公司（Nationwide Insurance）最近宣布，所有吸烟的员工要么在 30 日内戒烟，要么选择离职。公司为吸烟员工提供免费的戒烟计划，但仍然坚持要开除继续吸烟的员工。这一政策还包括血液检测，以查出违反规定的人。

这一话题在我最近举办的研讨班中也被提及，当时全民保险公司的员工以及其他公司的雇员正好参加了这个研讨班。午饭时，其中一位全民保险公司的吸烟的员工向在座的人解释了全民保险公司的这条新政策，并询问我们对这一政策的看法。他说他已经在公司干了10多年，只在家里或远离工作场所的地方才吸烟。他认为公司颁布这样一个约束员工工作时间以外行为的条例完全不合理。他问道："下一条是什么呢？公司是不是也会炒掉吃红肉（生时呈红色的肉类，如牛羊肉等——译者注）、喝酒、不定期锻炼身体的员工？"他的确提出了一些很重要的观点，让我们思考公司在控制员工行为这一问题上达到怎样的程度才算合适。

周围的其他人，包括一些全民保险公司的员工，他们的普遍感受却是这一政策合法、合理，是一条明智的商业决策。很多令人信服的数据表明吸烟者的确更容易出现各种各样的健康问题，公司应该选择不去雇用甚至解雇吸烟的员工。

不论在这一问题上的立场如何，全民保险公司对员工健康的追求绝非独一无二。然而，这的确是一条漫漫长路。以医院为例，它们本该是提倡员工健康的领头羊，但却在自助餐厅中提供对身体健康极为有害的食品：汉堡包、炸薯条、通心粉和奶酪、涂油脂的比萨饼、蘸满调味酱的油煎鱼。你当然可以选择蔬菜沙拉，但是沙拉都是冻生菜做的，非但没有任何营养价值，而且沙拉调味品的脂肪含量非常高，还不如吃比萨饼好。

建立健康和安全分析指标。建立健康和安全分析指标的第一步应该是确定健康和安全的重要性。许多组织为两者赋以相同的权重。如果你的公司存在很多安全风险，那么你可能会把权重设置为安全70%、健康30%，或者60/40。确定了两项指标各自的权重后，接下来就要考虑每个度量指标的次级指标。切记，要对安全和健康两项度量指标进行适当的平衡，并都应包括滞后指标和先行指标。

安全度量指标。图 6.7 列出了我所见过的效果较好的安全度量指标。在这些实例中，先行指标被赋予一半的权重。与度量过去的滞后指标相比，经理层应该更加关注这些先行指标。

事故次数×严重程度（1～10）	50%
安全培训测试得分	10%
侥幸脱险的次数	10%
安全审计得分	20%
行为/保护设备的使用	10%

图 6.7　安全度量指标示例

健康度量指标。设计出评估员工健康状况的指标是一项巨大的挑战，在与我合作过的公司中，只有少数几家研发出这种度量指标。图 6.8 和图 6.9 所列指标也许会给你带来一些灵感。

健康卫生事件×严重程度（1～10）	20%
员工健康检查数据	40%
旷工次数	10%
参加健康交流会次数	10%
健康生活方式培训	10%

图 6.8　员工健康度量指标——示例一

上述度量指标中最具真实性的指标是健康卫生事件（外科手术、住院治疗等）和年度健康检查数据。静息心率、血压、体重、胆固醇和其他统计量提供了度量个人健康状况的良好、可靠的数据。将平均数与标准健康指标进行比较，可以判断结果是“红灯”、“黄灯”还是“绿灯”。健康度量指标中的其他三项指标被赋予较小的权重，因为它们并不是反映员工健康状况的最好指标。有时员工旷工只是需要心理调节。

许多身体状况良好的员工可能对参加公司举办的健康交流会和培训不感兴趣。

与我合作过的一家医院设计出了一套更简单的员工健康度量体系。医院管理者不希望在度量体系中加入健康检查数据和健康事件等指标，因为他们觉得获取这方面的数据似乎侵犯了员工隐私权。这家医院所设计的健康度量指标如图 6.9 所示：

生活方式/饮食结构调查问卷	35%
自助餐厅食物销售情况	10%
健康培训测试得分	15%
参与体育锻炼	10%
参加年度体检	30%

图 6.9　员工健康度量指标——示例二

6.3　人力资源度量指标三——道德与多元化

道德和多元化是近来人们经常谈论的两个话题，但是大多数公司负责处理相关事务的人力资源部门并没有在计分卡中设计出良好的道德与多元化度量指标。更糟的是，据我所知，仅有一家大型企业 CEO 的计分卡上具有针对多元化的度量指标。这家公司曾经因多元化问题输了好几场官司，CEO 级别的计分卡中之所以包括了多元化度量指标，至少部分要归功于公司的这段历史。少数具有前瞻性的公司安排副总裁负责伦理道德，但是极少有公司设计出良好的度量体系，以反映公司在这个领域中的进展情况。

从商业的观点看，关注道德和多元化至关重要。如果你的公司在雇用女性员工和少数民族员工方面具有良好的声誉，公司就具备了一个真正的优势。玫琳凯化妆品公司（Mary Kay Cosmetics）很久以前就意识到了这一点，甚至提出了公司宗旨和使命：**给女性员工无限的机**

会。加利福尼亚联合银行（Union Bank of California）也认识到了这一点，并一直被评为女性和少数民族选择就业的最佳公司之一。多元化几乎是圣何塞市圣克拉拉山谷水利局（Santa Clara Valley Water District）的第二特征：从执行官到工人，该机构的员工来自世界各地，就像联合国一样。这些公司在多元化方面成效卓著，可能根本不需要再将它加入到计分卡中，因为这些指标始终会亮起“绿灯”。但对于其他公司来说，在这方面提升的空间还很大，需要有一个度量指标来跟踪其进展。

许多人身居要职后往往滥用权力，人性中的这一面在过去10~20年中愈演愈烈。过去10年中，我们见证了一些大公司的消失，至少是一些高管因道德问题被送进了监狱。这些公司都有政策、审计、道德规范守则以及道德培训。高管们通过篡改财务成果，使一些指标显得很优异……直到联邦调查局的人出现。今天，许多公司都忙于应对《萨班斯—奥克斯利法案》，而这一法案本来是要求公司更加遵守道德规范的。但是，这一法案在约束某些组织领导者的不道德行为方面效力不大。它能做到的是在领导者被逮捕时，更容易证明他们有罪。

因失范行为登上报纸头条的几家公司（包括安然、南方健诊和世通公司）中，没有一家具有可定期监控的道德度量指标。虽然这些公司都努力采取措施以保证行为符合道德规范，但是并没有具体数据说明这些措施的执行情况。这就好比等着看病人的心脏病是否发作来检验你的药物治疗方法是否有效。等到你获得了一些数据时，一切都晚了。

在这些公司遇到大麻烦之前有没有征兆呢？当然有！只是这些公司不愿去度量这些征兆，或者视而不见。任何公司都不是一夜之间变坏的。变坏是一个过程，都是从小的犯规行为开始并逐渐升级的。

6.3.1 建立道德分析指标

任何有用的绩效度量指标的关键是让你注意到问题，同时还为你留有改进的时间。道德是组织绩效的一个相当复杂的维度，你不可能只依赖一个统计数据对其进行度量。某公司在统计了新入职员工中参加道德规范培训的人数后就什么都不做了，毫无疑问，它没有抓住问题的要点。（安然的那些员工可能在职业生涯的某个阶段都参加了道德规范培训，但显然某些地方还是出了纰漏，不是吗？）

既然单一的指标不能说明组织在道德规范这一问题上的状况，那么如何构建道德规范分析指标呢？这些分析型指标应该能够在有人被送进监狱、被炒鱿鱼或登上报纸头版之前，就检测出一些小问题并提醒人们加以改正。我在过去几年中帮助一些组织制定的道德规范分析指标通常包括以下五种指标（如图 6.10 所示）。

1. 员工的是非观。
2. 员工对道德规范及其价值的理解。
3. 确保员工遵守道德规范的规划部署。
4. 员工行为。
5. 成效（积极或消极）。

图 6.10　道德规范度量指标

尽管员工行为和成效两项指标都是滞后指标，但许多组织还是对它们赋予了很大的权重。等到员工行为或成效出现问题——如有人被控有罪——麻烦就来了。如果能够保证数据的真实性，那么员工对符合道德规范的行为的理解也是一个重要的指标。某公司分别询问了顾客、员工和供应商对公司道德规范遵守情况的看法，得到了内外部人士对公司道德规范更为全面的数据。在典型的道德规范度量指标中，各指标的权重如图 6.11 所示。

员工的知识	10%
认知	25%
流程/规划	15%
员工行为	20%
成效	30%

图 6.11　道德规范度量指标建议权重

图 6.11 给出了一个均衡的分析型指标，其次级指标中，45% 为先行指标，55% 为滞后指标。这样一个道德指标可能会帮助类似安达信（Arthur Andersen）这样的公司在事态失控前预测出问题所在。员工真正做出违法行为前，总会在对道德规范的认识、对是非的判断等方面有一些微妙的变化发生。难点在于如何实际度量图 6.10 中列出的五项指标。下面我们将详细介绍每一项指标。

度量员工的是非观。这一指标的意义在于告诉公司领导层员工是否真的知道如何辨别是非。统计有多少员工参加了道德规范培训是指标中的一部分，但不会占太大的权重。道德规范培训通常是强制的，在许多员工的反馈中提到，培训完毕一小时后，他们就把培训内容忘了个精光。

让道德规范培训变得有趣的确是一项挑战。美国圣地亚国家实验室（Sandia Labs）请“呆伯特”之父斯科特·亚当斯（Scott Adams）设计的员工培训计划是成功的典范。要参加员工培训课程必须提前申请，否则就进入等待程序，仅这一点就足以吸引员工的注意力。我和同事丹尼斯·谢尔德斯（Denise Shields）开发的道德规范研讨班包括一个项目：将工作场合中经常遇到的情景通过一系列视频短片展现出来，员工需要选择合理的行动方式，当然答案绝不是非黑即白——这一项目的名称为“灰度梯度”（shades of gray）。

确保企业员工能够明辨是非是打造道德企业的首要步骤，道德规范培训的一个好的度量指标是通过最终考试的比例。公司在培训结束时举行这一考试，3 个月后再举行一次。

度量员工对道德规范的理解。加入道德规范分析指标中的第二类指标是度量员工对道德规范理解的指标。员工也许清楚地知道什么是对、什么是错，但组织的标准做法可能是当行为违反道德时从另一个角度去观察。例如，在一些公司，员工使用公司的设备复印自己的资料、上网，还经常将办公用品带回家，或者在没有生病的时候请病假。这些违反公司制度的行为都较为轻微，但是会树立不好的榜样并容易引发更严重的事件。

度量员工对道德规范真实理解程度的一个好方法是定期对一些员工进行匿名调查，或召集外部焦点小组进行讨论。某公司每月选择 50 位员工进行调查，询问他们对公司高层管理者的信任程度及他们的行为是否符合公司的制度和价值准则。另一家公司每季度进行一次调查，调查范围涉及顾客、员工和供应商，这家公司请组织外的实体进行调查以确保其匿名性。确保调查的匿名性十分重要：如果不能保证这一点，那么当供应商希望继续与公司合作时，就不太可能谈及公司任何不好的层面，如果顾客仍然希望得到超级杯（Super Bowl）的门票，则很可能不愿说出其真实想法。

保证行为符合道德规范的指标。加入道德规范分析指标中的第三类指标是用以确保员工行为符合道德规范的度量指标。对《萨班斯—奥克斯利法案》的遵守情况当然可以用于度量这一指标。道德规范委员会制定了一系列道德规范保证体系的评估标准。这一标准与鲍得里奇奖模型和由软件工程研究所（Software Engineering Institute）开发的软件功能成熟度模型（Capability Maturity Model）类似。该模型评估了道德规范保证体系的七个层面，并为每个层面打分，如图 6. 12 所示。

1. 监督与支持。这一职能部门有多少自主权？人们在开展其工作时获得了足够的资源吗？
2. 遵守法规监督员及办公室。公司是否设有主管道德规范的副总裁或类似职位，并安排一名职员辅助其工作？
3. 守则和支持政策。有无成文道德规范守则和相关政策，其全面性和被接受的程度如何？
4. 内部报告制度。公司在度量道德规范及遵守法纪时使用了哪种指标？
5. 教育和培训。公司道德规范及遵守法纪方面的培训的全面性、有效性和频率如何？
6. 内部控制和矫正行动。公司具有何种问题预防和矫正系统？
7. 定期的项目评估。公司评估道德规范及遵守法纪项目的有效性的频率如何？是否彻底？

图 6.12　评价道德规范保证体系的标准

构建员工道德规范保证体系指标的一个途径是由公司道德规范委员会之类的小组每年对保证体系进行评估。Palomar Pomerado 医院就是这么做的。评估得分为医院管理者跟踪其制定的全面道德规范和执行情况提供了良好的手段。但是，这一方法的不利之处在于，评估每年进行一次，因此需要加入一些经常性的度量指标。与我合作过的某公司构建了如图 6.13 所示的道德规范保证体系度量指标。其中三个指标为月度指标，当新的审计得分加入等式时，只有 30% 的指标数据会每年变动一次。

参加培训	25%
沟通	35%
调查的周期时间	10%
年度道德规范审计得分	30%

图 6.13　道德规范保证体系度量指标——示例一

另一家与我合作过的公司为其道德规范项目制定了进度度量指标。

当时这家公司正在开展的道德规范项目共有四个。对这四个项目的度量指标包括预算、时间表/里程碑、可交付成果质量。图 6. 14 列出了公司四个项目所占的权重。

项目 1：道德规范政策/守则	25%
项目 2："举报人"计划	30%
项目 3：道德规范培训更新	15%
项目 4：沟通策略	30%

图 6. 14　道德规范保证体系度量指标——示例二

图 6. 14 所示四个项目指标用"红灯"、"黄灯"或"绿灯"来表示其绩效。如果一个项目没有显示"绿灯"，管理层就应该深入挖掘其细节以确定这一情况是否表示质量、时间表或预算出现了问题。上述度量体系的运行效果不错，但是缺乏辅助的道德规范执行情况评价体系，而构建这一体系十分必要。对于已具有全面而成熟的道德规范项目的组织来说，图 6. 13 给出的是一个更好的度量体系的范例。

度量道德规范保证体系的另一种方法叫"公司治理商数"（Corporate Governance Quotient，CGQ）。这一度量方法由一家名为 Intuitional Shareholder Services（ISS）的咨询公司发明。CGQ 本身就是一套分析体系，由 4 大类 63 个评价指标组成：

1. 董事会。
2. 审计。
3. 反接管条款。
4. 行政人员和主管薪酬。

ISS 对其数据库中的 8000 家公司的 CGQ 指标进行打分，打分依据主要是公开披露的信息、媒体报道和公司网站信息。这些信息由 ISS 分析师核实。分析结果代表公司整体得分情况以及在相关行业中的排名。

CGQ 的优点在于使你便于依据其他公司尤其竞争对手的排名制定目标，而缺点是不具有公司道德规范委员会指标体系的全面性。但从另一个层面来讲，CGQ 这样的包含外部统计数据的道德规范保证体系指标较内部报告数据更具可信性。

度量员工符合道德的行为。一个良好的道德规范分析指标中的第四类次级指标是度量员工行为的指标。这一指标与员工对道德规范的理解指标不同，它度量的是员工的行为是否符合企业价值观和道德规范守则。

大多数员工会监督自身的行为，但是如果意识不到自身行为不当，那么同事将乐于为他指出，他将被罚款 1 美元。公司每天在会议室中统计收到的美元数并输入数据库中。另外一种监督失范行为的方法是将违规行为记录在案，尤其是诸如对客户撒谎、经常矿工和伪造开销等严重违规行为。每一事件都将依据严重程度及相同行为记录在案的次数进行编号。

度量结果。道德规范分析指标中的最后一种次级指标是成效指标。结果与行为不同。行为导致结果，行为是人们做出的，而结果是行为造成的后果。例如，每小时行驶 80 英里是行为，被开 250 美元的罚单就是结果。某公司对结果的度量示例如图 6. 15 所示。

在图 6. 11 所示的例子中，结果这一项被赋予了很大的权重，如果公司的高管由于做了些违法的事情而上了报纸头条，很难说公司在道德规范方面做得很好。道德规范分析指标的结果与员工安全分析指标的结果有些类似：多数结果是消极的。我的许多客户都设计了安全分析指标，因此一旦有灾难或严重伤害事件发生，整个指标就会亮起“红灯”。这一点对道德规范分析指标也有借鉴意义。

消极结果

- □ 违反与道德规范相关的条例（次数及严重程度）。
- □ “举报人”报告（数量及严重程度）。
- □ 与道德规范相关的媒体负面报道。
- □ 与道德规范有关的网络聊天室或博客。
- □ 诉讼。
- □ 员工投诉。
- □ 因道德规范导致的解雇（解雇高层员工尤为重要）。

积极结果

- □ 表扬与荣誉。
- □ 嘉奖。
- □ 媒体正面报道。
- □ 慈善和社区团体的支持。
- □ 道德规范项目被其他公司引为基准。

图 6.15　某公司道德规范结果度量示例

6.3.2　建立多元化分析指标

与道德规范不同，绝大多数公司都有某种形式的多元化指标。这一指标通常由人力资源部门负责。问题是：大多数多元化指标只不过是非白人男性员工占总员工人数的百分比。这当然是应该度量的指标之一，但仅靠这一个指标，不能说明公司在多元化方面究竟做得如何。

最近我正在帮助美国劳伦斯·伯克利国家实验室（Lawrence Berkeley National Laboratory）的主管们设计计分卡中的多元化指标。仅到实验室里看一看并不容易发现多元化方面的问题。事实上，如果你的文身少于两处、只有四个耳洞、发型正常，就很难融入这里的工作环境。然而，头发和胡须半白的年长男性员工的反常数量显现出这里在多元化方面确有改进的空间。由于我们同时在为该实验室设计道德规范分析指标，因此我们决定设计出一套平衡的度量指标。我们想出了如图 6.16 所示的四项度量指标，在下文中我们将对每个度量指标进行详细阐述。

输入	15%
认知	25%
流程	20%
输出/结果	40%

图 6.16　多元化分析指标及权重示例

多元化输入指标。实验室的经理哈里（Harry）向我们解释道，类似伯克利国家实验室这样的组织之所以在多元化方面做得不够好，部分原因是这里的大多数科学家和工程师是男性白人。他进一步解释说，上述问题部分归咎于这里的经理更愿意雇用与他们曾在同一所学校就读过的求职者。

哈里增加非白人男性员工数量的策略是在非传统的国家和学校中选拔应征者。所以，我们想出的一个“输入”度量指标是实验室工作应聘者的多元化，另一个度量指标是发放招聘广告的新地区数。实验室提升女性和少数民族求职者数目的策略是对不同的人群提供相应的实习岗位，与大专院校甚至高中合作以鼓励更多学生选择科学/工程类专业。

与感知（perception）相关的多元化。多元化分析指标的第二个维度是感知或意见指标。实验室具有自身的强势文化，而且长期被哈里所说的“胡须半白的老人科学家”们所主导。员工们感觉到如果你不是“老人科学家”中的一员，那么你就是实验室的“二等公民”。我们对员工、承包人和求职者进行了匿名调查以度量其感知，调查问题涵盖了实验室文化等一系列关注多元化的特定问题。

度量多元化规划。在设计多元化分析指标时将进程指标（process metrics）纳入其中也十分重要。设计这一指标的目的是告诉管理层是否在建立多元化方面做了所有应该做的工作。例如，某政府机关的进程度量指标包括一种审计得分，这与前面提到的公司道德规范委员会制定的道德规范保证体系度量指标中的审计得分类似（如图 6.11 所示）。还有一些类似的标准，在采取积极的行动或制定多元化规划时应该关注。尽管每年进行一次评估，但它们都很好地反映了实验室在多元化方面取得的进展。实验室在沟通、规划、培训和其他方面都有相应的得分。

进程度量指标的另一个组成部分是组织在改进多元化方面的进展。每个项目都被赋予了不同的权重，并用进度表、预算及可交付成果质量三个指标加以度量。项目和活动内容包括大型招聘会、接班人计划、多元文化节和时事通讯中的简介等。进程指标中也包括对行为的度量。例如，某公司每年都举办墨西哥“5 月节”（Cinco de Mayo）晚会。参与此项活动的员工人数和种族多元性就是反映员工行为的一个很好的数据。如果只有墨西哥员工参加活动，就意味公司在多元化方面可能存在问题。

多元化的“输出和结果”。输出和结果是一些如图 6.17 所示的统计指标。

据伯克利实验室的哈里介绍，组织中经常出现的情况是：能够招聘到女性和少数民族员工填补岗位空缺，但能否使这些员工留下来就是另外一回事了。这些员工之所以不会长期留在组织中，是因为他们感觉到公司的文化氛围并不具备包容性，工作机会和上升空间也不大。因此，员工流失率和在职时间就成了很好的度量指标。员工不太愿意透露离职的真正原因，但如果我们发现技术岗位上的女性或西班牙裔员工的离职率是白人男性员工的 2 倍，那么组织很可能存在着多元化问题。

- □ 新进员工的多元化。
- □ 高层领导者团队的多元化。
- □ 不同层级工作和职能部门的多元化。
- □ 非白人男性员工的晋升率。
- □ 委员会/工程小组的多元化。
- □ 与多元化相关的嘉奖。
- □ 多元化项目的标杆。
- □ 与多元化有关的媒体正面或负面报道。
- □ 员工离职率及离职的原因。
- □ 非白人男性员工平均在职时间。
- □ 现有员工推荐新员工的数量。
- □ 向特定学校提供奖学金和实习机会。

图6.17 度量多元化输出和结果的统计分析示例

一种常见的输出度量方法是将公司员工的多元化与本地社区居民的多元化进行对比。某学校所在社区中有约60%的西班牙裔居民，而该学校员工中80%为白人。为使学校的西班牙裔员工人数达到60%，可以聘用他们当看门人或大楼管理员，但这种解决办法未免过于简单。董事会和高层管理者的多元化应该被赋予更高的权重。多数学校的董事会和管理层中年长白人男性居多，而只有一两位女性或少数民族人士作为点缀。公司、政府机关和军队中也有类似的情况。输出/结果多元化度量指标如图6.18所示。

多元化是组织行为中一个复杂的维度，一些组织从来没有这方面问题，也不需要去度量它。然而，对许多大型企业来说，实现多元化的路还很长。优秀的多元化分析指标能够帮助公司高级管理层了解他们在多元化工作中是否取得了进展。

员工多元性		50%
占总人数百分比	40%	
占高级管理层人数百分比	60%	
新进员工多元性		15%
嘉奖/肯定		10%
员工流失指数*		25%

*包括离职员工等级、在职时间和人数统计。

图6.18　输出或结果多元化度量指标

6.4　人力资源度量指标四——人力资本

最近，一本著名的商业杂志中的一篇文章谈到公司价值的80%取决于非财务资产，如智力资本。思想、知识和能力是一家公司区别于其竞争者的首要资产。智力资本如专利、产品设计以及其他有形资产都是可以度量的，但是有经验的客户主管与大客户建立起的可信赖的合作关系很难量化。失去这样一位客户主管的后果是难以想象的。雇用到可以开发类似资源的员工，其价值无法估量。出于上述原因以及其他一些原因，度量企业人力资产的实力十分有意义。每次公司聘用一位新员工时，人力资本度量指标值就会提高；反之，当有员工离开时，该指标值就会变小。但是这究竟意味着什么呢？

微软（Microsoft）的一个主要商业战略就是雇用世界上最精明的员工。听上去这像个制胜的战略，但是公司如何知道是否达到了这一目标呢？毕竟衡量人力资产是一个相当复杂的过程。更为困难的是并非每个人都能马上展现出自己的才能。设想你雇用兰迪（Randy）做市场营销助理，后来他成为营销人员中最具创新性的一位员工。兰迪极有希望获得晋升，但是公司的晋升机会有限，除非你花费时间和精力去量化兰迪给公司带来的增加值，否则很有可能浪费提升一名好员工的绝好机会。

如果兰迪没有获得晋升，那么他就有可能因为感到没有得到赏识而离开公司，或不再专注于做出好的成绩。

量化公司价值缺失也十分重要。有时候，这是一个需要谨慎处理的提案。每个组织都有一部分“朽木”，包括高级领导层中的一些人，而试图将这部分数据加入计分卡很可能成为法律和政治上的“噩梦”。下面的章节将介绍度量人力资产或资本的方法，以及一些度量指标中应避免的事项。

6.4.1 哪些特质使员工具有价值

许多特质会使雇主认为该员工十分有价值：

- **特殊的知识和技能**。完成重要任务须具备的明显特质。例如，知道如何修理昂贵器械或详细掌握军方融资的流程。
- **人际交往技能或非技术才能**。进行有说服力的讲演、调解冲突、动员团队……这些都是经理层和主管们看重的技能。
- **智力和能力**。这是员工刚踏入公司大门就具备的特质。与特殊的知识和技能不同。
- **关系**。一些经验丰富的员工可能已经与其他员工、经理、客户、供应商和合作伙伴建立了可信赖的合作关系。这些关系要花费多年时间才能建立起来，并且对保证工作顺利完成至关重要。

组织最大的挑战是如何从上述四个方面准确、有意义地量化每位员工的个人价值。

6.4.2 最无价值的人力资本度量指标

虽然许多组织已经意识到度量智力资产的重要性，但大多数构建人力资本度量指标的尝试都以苦涩的失败告终。大多数此类度量体系中的指标包括以下几种：

培训时间。这里的逻辑推理是，如果我们坚持投资于员工培训和智力开发，员工们就能一直保持高水平的知识和技能。但是这一逻辑推理有很大的漏洞。首先，培训室里的人头数并不能代表员工对知识和技能的掌握程度，而仅仅是有多少人坐在多少个会议室里待了多长时间的数据而已。现实情况中，就连上述数据也不甚准确。培训签到簿通常是在会议室里传递签字，很多员工直到吃完午餐才回来，因为他们已经不担心签到簿上没有自己的名字。其次，大多数所谓的“培训”其实是“茶话会”。一边看 PPT 一边听展示者讲话不是培训。再次，没有评估指标去评测培训覆盖的内容是否与现实工作有关。

记录培训时长很有诱惑力，因为这一数据容易跟踪记录，然而这一数据并不能真正用于度量员工的知识和技能。事实上，组织中最有能力的那部分人通常不参加培训——他们正为更加有意义、高收益的工作忙得不可开交。

“个人发展计划”完成情况。大多数公司和非营利组织依据员工与老板共同确定的下一年需要学习的知识和技能的内容实施一项年度计划——个人发展规划（Individual Development Planning，IDP）。这是个好主意，但在实施中却存在着缺陷。绝大多数 IDP 的成果是员工想参加的会议和研讨班的清单列表。如果员工列出四个课程并且全部参加了学习，他的 IDP 得分就是 100 分。这一得分并不能代表员工真正学到了某种知识或掌握了某项技能。

资格认证。许多领域都要求某种形式的资格认证——一张证明你掌握了某领域某项技能的证书，如注册会计师、注册护士、理财规划师或注册焊接师。

把资格认证作为员工能力的度量指标不太合适，原因是无数并不具备实际工作能力的人仅仅靠记忆力而非实际操作能力通过了认证考试并获得了资格证书。如果资格考试也要求参考者完成实际工作任务（如开飞机)，那么这项考试就是一个度量个人能力的不错的指标。但是现实中大多数资格考试仅仅要求你背诵一堆法规条例和准则。换言之，考试评估的是具体知识而非操作技能。人们为考试而学习，通过考试后就会把所学知识忘个精光。他们是否具备了工作领域所需的能力，取决于经验、智力、后续培训和前辈指导。资格认证就像培训时间一样——容易记录，但并不是有启迪作用的度量指标。

6.4.3 创建人力资本分析指标

不少企业在平衡计分卡中加入了某种形式的人力资本度量指标，但是多数都是最基本的，并不能全面衡量员工的真正价值。超级推销员和资深工程师往往和平凡的员工得到同样的评估结果。

这一指标的目的在于告诉你，是否将具有符合该岗位要求的技能和知识并能够承担当前或未来工作的员工安排在正确的岗位上。人力资本分析指标还能告诉你什么时间员工有可能申请退休，这时你可以提前制定招募新员工以及培训新员工的计划。人力资本分析指标中应包含的最重要的内容是知识和技能水平度量指标。这也是最难客观度量的指标。人力资本分析指标中应考虑的次级指标如图6.19所示。下文将详细讨论每一个度量指标。

员工总数与需要人数		15%
员工平均年龄		15%
知识/技能指数		70%
经验	40%	
表现	20%	
知识/技能	40%	

图6.19 理想的人力资本分析指标示例

员工总数（headcount）。员工总数与需要的人数和平均年龄都是直观的客观统计数据。空缺职位意味人力资源的缺口。你可以为员工总数这一因素增加一个乘数，高层职位的乘数更大一些。例如，某医院人力资源部主管一职空缺一年之久。这比一个账单打印部门办事员职位空缺或低层级员工空缺造成的缺口更大。

员工人数太多同样也是要考虑的问题，并经常使度量指标亮起“红灯”。例如，通用汽车公司当前的员工数远大于其工作量所要求的人数，为了使人力资本指标重新亮起“绿灯”，该公司需要裁员。为此，通用汽车为小时工支付了140000美元的遣散费以降低员工人数指标。有传言说通用汽车公司向数千名员工支付遣散费以鼓励他们离职或提前退休。

平均年龄。人力资本分析指标中的第二个指标是劳动力平均年龄。年龄并不是度量胜任力的指标，但可以帮你预测经验和技能最丰富的员工是否马上就要离开岗位。当前，年龄这一指标对军方和联邦政府组织十分重要，因为未来7~10年中将有大批人员退休。这将造成很大的技术缺口，直至这些组织的年轻员工提高了相应的知识和技能。

知识/技能。人力资本分析指标中最困难的部分是度量员工的能力。对能力的度量既可能简单直接也可能复杂麻烦。我们从最简单的度量方法开始，然后再讲解一些比较复杂的方法。

美国陆军工程兵团（U. S. Army Corps of Engineers）是一家大型项目管理组织，雇用了大批具备不同工程技术和能力的员工。多年前，该组织设计出一套提前退休补偿方案，以鼓励许多年长员工较计划提前几年退休。多数员工接受了该方案并很快办理了退休手续。兵团里那些极善于算计的人高兴地发现人力成本开销大大降低。然而，兵团的项目出现了不少麻烦，因为一大批有经验、有技能的员工退休回家了。兵团需要一套能够度量员工知识、技能和经验的分析指标体系以量化这些年长员工离职可能带来的损失。

兵团的萨克拉门托分部（Sacramento Division）是实施平衡计分卡度量体系的先驱。最近该分部决定针对现有的 METL 系统建立一套新的人力资本分析体系。METL 是 Mission Essential Task List 的缩写，意思是“重要任务必备技能清单”，即每个任务说明对应一张描述该任务所需能力和技能的清单。对每位员工都以年为基准进行评估以判断他在 METL 所占比重。整个分部的 METL 得分加总后的结果可以按部门、工作水平和知识/技能类型加以分解。员工可以通过参加培训和成功完成项目任务提高其 METL 得分。新进员工或员工获得新技能后，整体人力资本得分就会增加，员工离开时，该分部的这一得分就会减少。这只是一个粗略的度量指标，但却是个好的开端。萨克拉门托分部将在未来几年设计出更加系统的度量指标体系并更加熟练地运用上述体系。

另一家组织采取的方法更为复杂和精密。它用清单列出每项工作所需的技术和非技术知识/技能，知识/技能水平分为 7 个级次。1 级代表完成该工作需要初级水平“知识”即可，7 级代表该工作需要高水平的“技能”储备才能完成。在该评级体系下，卡车司机只需要 1 级水平的内燃机运作知识，但需要 7 级水平的驾驶和导航技能。每位员工自评知识/技能等级，同时主管也对员工进行评级。如果某员工通过评级证明达到了“技能”水平，可得到 100 分。每个工作也按层次和对公司整体使命的重要程度分配 1 ~ 10 不等的权重。这一人力资本分析指标非常复杂，而且考虑到即使是从事相同工作的 10 个人其技能水平也不尽相同。

某研发组织设计了类似的人力资本分析指标。该组织还对团队中的明星队员数量进行度量。任何职业都存在“啄食顺序”（pecking order）。一部分人总是该领域中最受敬重的人才。但是，判断谁是最好的棒球投球手十分客观、简单，而判断谁是最好的科学家就极具挑战性了。对于科学团体来说，“名人”的度量指标包括在权威学术会议上的演讲、著作被引用的次数、在组织外的演讲和咨询任务以及它收到的愿意为他工作的应征者简历数。每一学科分支中，该组织的实验室试图在A、B、C和D四类员工中求得平衡。一些员工作为D类员工被雇用，而后晋升为A类员工。其他一些人则在整个职业生涯中满足于作为D类员工。这一研发实验室的人力资本指标如图6.20所示。

新进员工质量	15%
员工能力	65%
明星员工	20%

图6.20 某研发组织的人力资本分析指标

还有一家公司除采取上述度量方法之外，还使用了一些更为复杂的指标。该公司按每个员工岗位对以下四个指标赋予不同的权重：

1. 总体能力和智力。
2. 特定技术知识和技能。
3. 非技术知识和技能。
4. 关系。

岗位不同，上述指标的权重也相应变化。员工能力水平分别按这四项指标进行打分，然后乘以权重得出人力资本得分。图6.21举出两个例子：

	副总裁——信息技术	财务部职员
1. 智力/能力	30%	15%
2. 技术知识/技能	30%	50%
3. 非技术知识/技能	30%	25%
4. 关系	25%	15%

图6.21 人力资本分析指标——员工岗位权重示例

如你所见，人力资本度量方法因组织性质不同而不同。可惜的是，没有一种标准方法去度量组织的智力资产。美国培训和发展协会

(American Society for Training & Development) 致力于人力资本评估达 20 年之久，至今也没有在度量方法和指标上达成共识。即便是在相同行业也不存在标准度量指标。不过，没有绝对标准也意味着在度量组织人力资本这一重要的层面上，你有绝对的灵活度。

6.5 人力资源度量指标五——沟通效率

如果请任何一个组织的 10 位员工列出他们对雇主最大的不满，其中的 5 位一定会提到沟通问题。这一结果可能令领导者十分沮丧，他们认为在与员工沟通这个层面已经做得足够好了。员工和领导层对沟通的理解大为不同。

最近我帮某军方机构组织了一次计划会议。会议的第一部分内容是回顾过去一年目标的执行情况。这个组织一共制定了三项目标，其中一项是改善沟通质量。过去一年中，组织花费了大量时间和资源以期实现这一目标。下面的列表显示出组织为达到目标所做的工作：

- 开设员工网站。
- 重新设计时事简讯并扩大版面。
- 发起季度全体员工大会。
- 更频繁地举办知识交流会。

证明该组织沟通效率提高的唯一数据是活动数据。换言之，组织有以下数据：有多少员工登录过网站，有多少员工参加了全体会议。然而，我们没有指标度量是否完成了预期目标。也就是说，没人知道沟通效率是否真正提高了。

许多组织为提高沟通效率花费了大量金钱，但是却没有指标度量沟通效率究竟有无改善。下面的章节将介绍如何度量组织沟通效率，这是每一位组织领导者都应该关注并掌握的技巧。

创建沟通效率分析指标。良好的沟通不是精密的火箭科学。如何通过不同媒介进行沟通有一些可遵循的、完善的规则和指南。问题在于大多数组织并不遵循这些规则和指南。

在我参加过的数以百计的会议上，只有坐在前几排的人才去关注幻灯片所展示的内容。我也见过许多提交给管理层的报告，其中有大量标记着数据的图表，几乎没办法辨别趋势数据。我也阅读过许多员工政策和程序，它们是如此复杂难懂，即便是取得博士学位的员工也难以理解。可以肯定，这些组织没有自己的沟通效率度量指标，甚至没有度量的工具。实际上，领导层需要有一个能够告诉他们以下两件事的度量分析指标：

1. 是否一贯遵循有效沟通的规则？
2. 是否就重要信息与员工和合作者进行交流？

根据上述问题，许多沟通效率度量指标与图 6.22 类似。下文将详细介绍每一项度量指标。

方法			效率	
50%			50%	
输出	过程质量	频率	感知度	理解度
40%	40%	20%	30%	70%

图 6.22　沟通效率分析指标示例

度量沟通结果质量。如图 6.22 所示，先行指标的权重为 50%，这些指标关注组织沟通效率如何以及采取何种沟通方法。其中的滞后指标度量了组织现有沟通机制的效率。在对方法的度量中，首先评估的是沟通结果的质量，一般考虑以下几个方面：

- 完备性。
- 阅读水平。
- 清晰性。

- 审美/写作。
- 公司标准/格式。

组织需要的不同形式的沟通媒介和材料包括：

- 电子邮件。
- 幻灯片。
- 网站。
- 时事简讯。
- 报告。

某公司通过每月收集样本数据对结果进行度量，并交给公司沟通部门打分。根据符合公司标准的情况，按 0～100 分进行打分。这些数据也被当成培训需求分析的基础。一旦组织发现某种错误比较常见，就会警示员工不要犯此类错误或在必要时制定相关培训项目。

度量沟通过程。除了度量结果的质量外，度量沟通过程同样重要。可以从如下角度考虑对沟通过程进行度量：

- 开发沟通材料前是否进行了用户分析？
- 沟通媒介是否是最佳的？
- 沟通表现形式是否简洁而清楚？
- 是否有多种媒介保证信息传达给所有员工？
- 是否就沟通文件样本同目标用户进行了测试？
- 参与沟通者是否善于沟通？

度量沟通频率。最后一项度量指标是沟通频率。研究表明，人们至少要接触 1 条消息 5 次以上才能真接收该消息。消息通过不同的媒介传递有助于接收。基于上述规则，某公司制定了“5×5”沟通法则，即 1 条消息要保证至少通过 5 种不同媒介让员工接触 5 次以上。

另一度量沟通方法的手段是适时（timeliness）。员工从新闻媒体得到的公司信息要早于通过从管理层和主管那里得到的相同信息。消息在通过公司沟通机制或口口相传到达员工之前，员工则早已通过早间新闻得知该消息。为了使沟通效率更高，沟通需要更加适时和频繁。

度量沟通感知度。下面我们看看如何度量沟通效率。图 6.22 列出了两项需要度量的指标：感知和理解。通过调查或焦点小组可以了解员工对公司管理层或其他部门沟通效率的看法与评价。这些调查及使用的问卷也可以用于分析员工的沟通偏好。

度量沟通理解度。沟通效率度量指标中权重最大的部分是对消息传递给用户的及时性和准确性的评价。几家公司通过选取样本员工对重要信息的传递进行了随机跟踪测试。例如，如果老板每 3 个月召开一次全体员工会议，每 10 位员工中最后走出会议室的那位员工将回答 4 个关于此次会议内容的简短问题。员工无需在问卷上署名，因此没有压力。调查表明，虽然员工列席了会议并看上去十分认真地听取会议陈述，但在会议结束仅仅几分钟后，他们甚至不能回忆出会议的要点。另一家公司通过因特网对员工业务简讯和报告进行了类似的调查。

你可能会想，这些东西听上去可真麻烦，这些正式的沟通度量指标也并非必要。好吧，在某种程度上你是对的。麻烦归麻烦，但是制定预算、跟踪成本、度量运营绩效和组织需要精确度量的其他项目同样十分麻烦。你需要认识到，组织在沟通上花费了大量的金钱和时间，但它们除了得到一些没有什么实际根据的数据外，几乎都无法真正了解其沟通效率。进行简单的关于员工沟通理解度的调查是一个好的开始，也不太复杂。更加系统的度量指标体系可以逐渐成形。

6.6 本章小结

在大多数计分卡中，人力资源度量是最重要的一个环节，也是近年来发展最缓慢的部分。人力资本度量体系指标要么滞后（如事故数或员工流失率），要么频率过低（如年员工士气调查），要么缺乏真实性（如度量会议室内员工人数或发布的道德规范条例数目）。本章提出的建议是，每个大型组织的计分卡人力资源分析指标中至少要包括以下五个主要方面的度量指标：

1. 员工满意度。
2. 员工健康与安全。
3. 道德规范和多元化。
4. 员工知识/技能/能力。
5. 沟通。

上述指标基本覆盖了计分卡人力资源部分的度量范围，并可在所有组织中实施，无论是制造企业、服务企业、医院、学校、政府机关还是军事机构。

度量指标体系中加入何种指标由你决定。最好的方法是取一张白纸，并进行“头脑风暴”。任何组织都要有可以量化的度量指标来告诉自己有关员工的满意度、健康、遵纪守法、技能以及对组织未来发展的了解程度等数据。计分卡人力资源指标中“进展如何”这部分数据最有可能受到被调查员工的个性和水平的影响。捷蓝航空公司的高管们即便是每周乘坐本公司的航班并亲自与员工和乘客交谈，也要铭记在心：当他们询问员工是否喜爱他们的工作时，听到的不一定都是真话。计分卡人力资源度量指标体系有助于领导层调整人力资源战略并去除效果不好的项目和活动。

某制造企业发现员工满意度指标数据在近几个月中急速下降，公司马上采取措施以提高员工士气。在采取的措施均未奏效后，公司通过焦点小组向员工询问他们需要什么以及满意度为什么降低。原来，员工希望在制定公司目标和发展战略过程中享有更多的话语权，并希望更多地参与到帮助公司壮大的过程中。大吃一惊吧！高管们以为员工想要的是T 恤衫、更多的加班和比萨饼，而只有通过全面收集数据才能使领导层知道如何真正提高员工的满意度。

下一章将介绍如何创建有意义的运营/内部分析指标体系。计分卡的这一部分在不同的企业中有所不同。不同行业和领域往往采取独特的方法去评价其成就。这些指标的挑战不在于设计，而在于如何找到少数至关重要的指标。

需要牢记的人力资源分析指标关键点

- ☐ 这是任何组织的计分卡中最重要也是发展最不完善的部分。
- ☐ 近年来，尽管花费了大量精力对智力资本和知识管理进行研究，但人力资源度量指标的质量和真实性并未得到显著改善。
- ☐ 员工满意度和敬业度对于工作表现的好坏至关重要，不能简单地用年度调查形式进行评估。好的员工满意度度量指标体系应该包括一系列不同的软指标和硬指标。
- ☐ 由于医疗保健成本和诉讼的增加，员工的健康和安全越来越重要。健康与安全度量指标体系要包括领先/预测指标和典型的滞后指标如损失工时的事故数。
- ☐ 今天的员工十分关注道德规范和多元化。然而，如果不是在这方面陷入大麻烦之中，企业很难关注对这两个因素的度量。企业应该意识到道德规范和多元化极为重要，并采取有效方法加以度量。
- ☐ 员工的知识和技能能够成就或颠覆一个组织。所有的计分卡都应该包括有益的员工能力分析指标，而不应该包含类似培训时长等容易度量却无实际意义的指标。
- ☐ 许多大型组织都存在的最大的问题之一是沟通问题。每个大型组织都需要有一套度量体系以了解他们与员工和利益相关者的沟通究竟如何。

第7章
运营分析指标：关于质量、生产率、及时性和创新的关键内部指标

运营分析指标概括了重要的公司绩效内部度量指标，这些绩效与顾客忠诚度和财务成果密切相关。运营指标度量的是日常工作以及重要项目或努力。在战略规划或一系列指标中，如果选择正确的度量对象并恰当设置度量标准和目标，则运营指标有助于大大提高顾客忠诚度并优化公司财务成果。一个公司常常有数百种运营指标。在此，关键是要选择最重要的指标加入到领导者的计分卡中。选中的指标应该是能够推动企业成功的要素。

人员指标、顾客指标和财务指标在大多数公司中几乎是一样的，但计分卡中的运营指标则各不相同，这取决于公司业务的性质。因此，本章展示的是一般性的运营分析指标，但需要说明的是，这个“假想的”分析指标通常要根据具体公司需要进行调整。本章还提供了一些关于如何建立运营分析指标以符合不同类型公司需求的案例，以及过去几年来客户开发出来的独特的度量指标。这些案例旨在鼓励你去思考自己的计分卡中可能采用的度量指标。

图 7.1 列示了你为计分卡选择的运营分析指标必须回答的问题。一般来说，包含在计分卡这一部分中的运营指标度量三个重要的主题或者说三大绩效维度：质量、及时性和生产率。一般性的运营分析指标如图 7.2 所示。

运营分析指标要回答以下问题：
□ 我们的主要项目执行情况如何？
□ 我们有没有一贯坚持生产高质量产品并提供优质服务？
□ 现有员工和其他资源的运转效率如何？
□ 我们投资进行的主要绩效改善项目是否有效？
□ 我们在研发新产品和服务方面做得如何？

表 7.1　运营分析指标要回答的问题

项目管理分析指标	生产率分析指标	流程分析指标	企业优势分析指标	研发分析指标

表 7.2　运营分析指标示例

根据组织类型的不同，运营分析指标中的二级指标的权重会有很大变化。例如，在到处是工程师的军工企业和诺福克（Norfolk）海军造船厂，一切就是一个项目，因此项目管理分析指标权重最高，而没有流程分析指标。相反，在一家典型的制造企业，流程分析指标将被赋予很大的权重，而项目管理分析指标的权重要低一些。如果员工成本低于组织总成本的 10%，也许你不会愿意在计分卡中设置专门的员工生产率度量指标，而更愿意考虑机器设备和原材料的生产率度量问题。本章其余部分将详细描述运营分析指标中的五项指标。

7.1　运营指标一：项目管理分析指标

所有组织在开展日常工作的同时，都会投入一定时间从事一些特殊的项目。有时，这些特殊项目就是你的主要工作，而有时则只是一些必须完成的额外工作。不论你的组织投入到这些项目上的时间比例如何，在计分卡中都值得设置一个度量指标，以便告诉领导者这些项目的进展情况。组织评估项目绩效的常见方法有两种。

第一种方法是每月召开项目经理会议，问他们“项目进展如何”。这样会收集到足够多的不太可靠的信息，但你必须记住，每一位项目经理都有足够的动力为自己的项目描绘出一幅美丽的蓝图，哪怕是项目正面临着困境。任何问题通常都可以认为是由供应商或其他部门造成的。如果项目较小或者不会影响到组织运营的成败，那这种非正式的“项目进展如何”的数据可能就足够了，但如果项目较大或者对组织成功有较大的影响，则采取其他评价项目绩效的方法会更合适。

在另一种常用的项目绩效评估方法中，每一个项目经理都必须为评估会议准备一系列幻灯片和甘特图。这一绩效评估过程包括观看40～50张图形和电子数据表，一两个小时后，与会者就会走神。此外，即使是所有项目进展良好，也要进行详尽的评估，因此，这种会议常常是一种巨大的时间浪费。在某些方面，这种会议就像是小学的“演讲”，每一个项目经理站立在全班同学面前，告诉每一个人他的项目进展得如何顺利。在大多数时候，领导者得到的是编造的项目进展情况，因为每一位项目经理都不愿意在其领导和同事面前示弱。

领导者的时间太宝贵了，不能浪费在这种演示与告知会议上，尤其是那些进展顺利的项目。应该讨论的是那些陷入困境的项目。因此，挑战在于找一种有意义的、可以客观评估项目实际进展情况的指标，这种指标要能明确发现那些进展不是特别顺利的项目的问题所在。在询问遇到麻烦的项目情况时，项目管理指标应该能够穿过项目经理们制造的烟幕看清真相。

7.1.1 构造项目管理分析指标

我帮助客户建立的每一个项目管理分析指标都包括三种滞后指标：

- 预算：第一个次级指标在于告诉项目团队在努力完成项目任务的过程中，有没有超出预算。
- 交付成果的质量：第二个次级指标是对项目进展过程中生产的产品或服务的瑕疵或质量问题进行度量的指标。质量指标常常会分析许多更低层级的指标，而这些指标度量的可能是准确性、完整性或对既定标准的遵守程度等。

- 时间表（进度表）：第三个次级指标度量的是重大事件准时完成的程度。度量按时完成率的最常用的方法是计算重要事件按时完成的比例。这是一个糟糕的指标，因为一般来说重要事件的重要性是不一样的——如果你只是跟踪一个重大事件是否按时完成，那么该指标就没有考虑未能按时完成的影响。换句话说，一个不重要的事件滞后一天的影响就会和一个重要事件滞后八周的影响相同，这是不应该的。

7.1.2 飞机维护的例子

一个可以让项目管理分析指标更有用的方法是对每一个项目的预算、质量、时间表等设置权重。一家为航空公司维修飞机的公司在每一件工作上都就这三个要素与其客户进行商议，以确定权重。例如，一家航空公司可能会为预算赋予较低的权重，而愿意为那些加班维修以使其飞机尽快重新起飞的公司支付费用。那么，在这个项目上，维修公司就会为进度表赋予50%的权重，而为质量和预算设置各25%的权重。另一家航空公司可能正身陷财务危机，愿意让维修公司自行安排维护时间，只要成本尽可能低就行。对于这样的客户，预算或成本的权重就可能是60%，而其他因素的权重各为20%。

这种方法的好处是：它迫使客户事先明确优先顺序，让项目团队知道在预算、交付产品（或服务）的质量、进度表这三个因素中哪个是最重要的。每一个项目结束时，客户要填写报告卡，对企业在各个要素上的表现打分。然后，将分数乘以权重得出总的项目分数，再根据项目的价值和客户的价值在总体分析指标中为每一项目得分分配权重。

图7.3显示了这一分析指标的应用。首先，列出实际数据和不同因素的权重，然后再用软件对这些数据进行计算。分析绩效数据的人可能选择首先对某一项目（如一架特定的待修理的飞机）进行深入分析，

然后再分析单个因素（如预算、质量、进度表）以发现问题所在。图 7.4 展示了一种更简单的描述数据的方法，供领导者使用。

不同客户和项目的项目管理因素

	1 号飞机	2 号飞机	3 号飞机	4 号飞机
	40%	15%	30%	15%
预算	50% ×80 = 40	50% ×30 = 15	20% ×100 = 20	30% ×100 = 30
质量	10% ×100 = 10	30% ×80 = 24	40% ×40 = 16	40% ×40 = 16
进度表	40% ×60 = 24	20% ×100 = 20	40% ×60 = 24	30% ×80 = 24
合计	74	59	60	70

项目管理分析指标的计算

74×40% = 29.6	59×15% = 8.85	60×30% = 18	70×15% = 10.5

29.5 + 8.85 + 18 + 10.5 = 67/100 = 黄灯（绿灯 = 80 或更高）

表 7.3　绩效管理系统的组成部分

项目管理分析指标

67/100

1 号飞机	2 号飞机	3 号飞机	4 号飞机
74/100	59/100	60/100	70/100

预算	质量	进度表
30	80	100

图 7.4　飞机维修公司项目管理分析指标概览示例

从图 7.4 中可知，总体绩效得分为 67 分，位于黄灯区域。在这个案例中，没有项目位于红色区或者出现较差的绩效，但在第三级指标中仍然存在一些问题。以 2 号飞机为例，质量和进度表绩效都位于绿色区域，但该项目必须大大超出预算才能占到 30% 的权重。这拉低了项目管理分析指标中该项目的总体得分，因为预算被赋予了 50% 的权重。

7.1.3 流程和扰动：项目管理分析指标中需要考虑的两个额外指标

仅仅通过度量预算、质量、进度表来评价一个项目的成功或进展存在一个问题，即它们都是滞后指标。换句话说，你只能记录那些超过了预算、错过了最后期限、出现瑕疵的数据。这三项指标都是对过去的度量。因此，在项目管理分析中至少应该引进一项先行指标。客户的一些案例说明了如何做到这一点。

度量流程。美国陆军工程兵团萨克拉门托分部（ACOE）对其为新计分卡设计的项目管理分析指标进行了仔细的思考，因为这一分析指标代表着他们要做的大部分工作。在这一地区，ACOE 关心的一件事是项目经理们常常不能系统地规划或管理他们的项目。部分原因是雇员都经验丰富，他们更愿意进行“即兴表演”。ACOE 想在项目管理分析指标中引入一个维度，以度量对系统化流程的遵守程度。另外，ACOE 认为，流程次级指标始终应被赋予 30% 的权重，即使预算、质量和进度表都表现完美时，项目整体分数仍将处于黄色区域。

流程次级指标来自于一份活动清单，所有项目都应该完成这些活动：

- 让顾客参与项目计划的制定。
- 每周举行项目评估会议。
- 运用 ACOE 项目管理软件输入每周项目进展数据。
- 在项目早期就邀请关键承包商/合伙人参加项目评估会议。
- 项目计划应随外界条件的变化而变化。

度量扰动（churn）。我的另外两个客户，即 Northrop Grumman Newport News 造船厂和美国海军航空母舰维护一号团队（U. S. Navy Aircraft Carrier Maintenance Team One），在其使用的项目管理分析指标中提出了另一个先行指标：扰动。扰动是指关键项目参数（如范围、产品、预算和进度表）的变动。这两家组织经过研究发现，糟糕的项目规划容易导致多余的扰动，进而造成成本和进度表等表现不佳。因此，扰动是应该引入分析指标的一个很好的先行指标。

一定数量的扰动是正常的，且可以预见，因为对于维修一艘像航空母舰那样大的船，人们不可能估计到所有的工作。然而，有经验的项目经理能够根据过去完成的项目确定合理的红色、黄色、绿色扰动范围。这一指标也很容易跟踪，因为每次项目发生变化时，都要对项目规划记录进行更新。

另一个例子说明了扰动指标在小范围内如何发挥作用。我的一位邻居一年前拆掉了房子，正在原来的地方建一所新房屋。房屋入住时间已将调整了很多次，项目的范围也发生了变化。部分改变是邻居要求的，而其他一些改变则是由建筑商糟糕的规划、低劣的建筑质量或无法满足建筑标准造成的。很明显，这个建筑项目的扰动指标位于红色区域。如果我的邻居拥有一个流程指标，那么这一指标很可能也会亮起“红灯”。

度量流程和扰动的好处。通过将流程和扰动指标纳入项目管理分析指标中，你将能够对项目绩效进行更均衡的度量。为了将所有单项指标结合在一起纳入全面绩效指标中，你需要确定哪些项目值得纳入老板的计分卡。有一个客户每年只把前五个最重要的和成本最高的项目纳入项目管理分析指标中。相反，诺福克海军造船厂考虑所有的项目，但会根据它们相对于海军的规模（以工作日衡量）和重要性赋予一定的权重。这样，重要项目就会比小一些的项目对整体项目管理分析指标产生更大的推动作用。然而，指挥官们仍然想知道一个小项目是否处于困境之中，因此，尽管小项目不足以使总体分析指标亮起“黄灯”或“红灯”，但它肯定可以提出一些警告。这就提醒指挥官要深入研究项目层面的数据，以确定哪些指标表现不佳。

7.2 运营指标二：生产率分析指标

计分卡中的这一指标是为了告诉领导者或管理者：昂贵的资源是否具有较高的生产率。生产率通常直接与盈利能力相关。但要记住，平衡计分卡包括不止一种度量指标。与其他绩效指标一样，生产率很重要，但需要和其他绩效指标结合使用。下面这个例子说明了这一关键点。

20 世纪 70 年代，生产率风靡一时。各个公司纷纷把生产率推到最重要的位置，而生产率也大大提高了：员工工作更加努力，机器设备运转的时间更长，原材料的利用率也更多了。然而，对更高生产率的要求造成了士气、安全以及质量问题，而质量问题是最常见的。还记得那时候的美国汽车吗？通用汽车公司每天都制造出许多汽车，但是质量很差，而且通用汽车（汽车行业中最大的企业）的员工士气很低。工人们正以一些特殊的方式让管理层知道他们的不满意：我记得曾经听过一些故事，讲的是啤酒瓶被工人们遗忘放在新安装好的汽车门里。通过这样或那样的方式，生产率的快速提高被绩效和士气的崩溃严重破坏了。正像这个案例显示的那样，一个好的生产率分析指标不能仅仅局限于单一指标。

7.2.1 度量员工的生产率

对于当今的许多组织而言，薪酬是最大的单项支出。伴随着薪水和工资的不断上涨，福利和养老金费用也在持续上涨，因此，度量这些成本的去向就非常重要。我认识的大部分人最近都在非常努力地工作。另外，尽管技术已经提高了许多行业的实际生产率，但对于大多数白领工作来说却并非如此。很少有经理有时间奢侈地享受轻松的午餐或在下午 5:00 下班回家。与以前能够享受午餐并在合理的时间下班回家的经理相比，我们很难说今天的经理的工作效率是不是提高了。原因之一是：知识性工作很难量化和度量。一种有意义的度量员工生产率的指标是

"员工分心分析指标"（Employee Distraction Analytic），这一指标不仅重要（它与金钱浪费直接相关），而且使用简单、易于跟踪，且不需要任何额外的人员或软件。它告诉经理们：员工将多少时间花在从事其应该完成的工作上，反过来说就是：他们从该做的工作中分心的频率和程度如何。

机构越大，分散注意力的可能性就越大。员工们在压力下工作，每周要工作60个小时，但只有20个小时是在从事有效的工作。问题不在于员工的懒惰，真正的罪魁祸首是组织本身。毕竟是组织自己发明或购买了那些使员工分心的东西，而且还告诉员工这些东西非常重要。

为这一分析指标收集数据的方式，是让所有员工每天或每周填写时间表，把他们的时间分成三类：

1. **工作任务**：完成应该完成的工作（如销售、工程设计、会计等）。
2. **管理任务**：从事大型机构雇员都要做的一些工作（参加预算会议、参加性骚扰防范培训、学习新的电子邮件系统等）。
3. **计划**：处理管理以及其他类型的计划，并设计改善绩效的流程（如客户关系管理、作业成本管理、六西格玛管理、技术培训、精益生产、知识管理或其他流行的管理方法）。

设计出这一指标的是发现财务服务公司（Discover Financial Services）。非正式数据显示，这家公司的计划过多，使得员工难以集中精力完成其工作。没有人收集这方面的数据，但人们普遍认为令人分心的事太多了。为了弄明白其危害性，并减少这些事情，该公司设计出了这一指标。公司最初想暂时把"分心指标"加入计分卡中，几年后，当问题得到解决时再将其取消。但分心问题有一个很令人讨厌的特性：如果不对它进行监控，它就会慢慢地卷土重来。因此，公司决定在计分卡中保留这一指标。8年后，这一指标仍保留在公司的计分卡中。

近年来，许多组织（制造公司、服务公司、军事机构、大学和政府部门）也开始将各种各样的"分心指标"加入其计分卡中。他们发现，员工们实际上喜欢这一指标，因为分心让他们有一种很大的挫折感，而这一指标可以减少分心。另一方面，减少分心是一把双刃剑：一些人强烈反对削减或消除那些由他们负责的项目。

当你开始为这一指标收集基础数据时，你可能会感到吃惊，因为员工们竟然在不重要的工作（第二类工作和第三类工作）上花费了如此多的时间，或者换句话说，他们严重偏离了实际工作要求。一些组织力求数据收集工作尽可能简单，把时间局限于上述三项工作大类（工作任务、管理任务、计划）中。他们还要求员工只记录分心时间超过一个小时的扰动。其他组织则希望能够对分心数据进行细分，以发现每项任务实际占用了多长时间。员工不仅要记录本周在第三类工作（计划）上花费的 12 个小时，还要记录详细内容，如 1.5 个小时用于六西格玛团队会议，6 个小时用于客户关系管理数据录入，2 个小时用于时间管理计划，2.5 个小时用于处理文件等。这一系统让工人觉得很麻烦，但这种详细的信息却非常有用，因为它清楚地显示了哪些活动占据了太多的时间。

能不能让所有员工严格记录工作时间取决于组织的文化。律师、会计师和一些咨询师习惯于按 15 分钟的间隔来安排时间并保持完美的记录，因此这种系统在律师事务所、会计师事务所和咨询公司比较容易执行。但在那些几乎没有人曾经绘制过时间表的软件设计公司中，让一群具有创造性的智力劳动者按照这种方式安排时间无疑相当困难。在这种情况下，数据收集工作在最初的时候最好简单些，当人们逐渐习惯后，再逐步引入更详细的时间记录。如果能够看到组织开始减少那些令人分心的事情，使他们可以将更多时间用在本职工作上，他们就会有动力坚持进行时间记录。

7.2.2 度量其他要素的生产率

如果能够度量员工的实际生产率（如每小时产出或相似的指标），那你就可以将这些指标作为生产率指标中的子指标。你也可以把主要资产（如机器设备或不动产）的生产率纳入子指标范畴。许多公司都已经这样做了。几乎所有旅馆在计分卡中都加入了“可用房间平均收入”（Rev-PAR）这一指标。大多数航空公司在其计分卡中引入了“每座位里程数营收”（RASM）和“每座位英里成本”（CASM）指标。零售商店都把每平方米销售额作为生产率的度量指标。生产率分析指标中的因素会因企业业务类型的不同而有所不同。

图 7.5 和图 7.6 为我们提供了两个案例。图 7.5 所示的航空公司决定度量其一线员工（售票点工作人员、飞行员、地勤人员）的综合生产率。它还想对办公室职工和公司管理人员的生产率进行度量，并度量“分心指标”。航空公司生产率分析指标的第三个指标是度量飞机的生产率。从图中可以看出，这一度量被拆分为 RASM、CASM、收益、载客量四部分。

图 7.6 是一家制造企业的例子，其最大的成本通常是机器、能源和原材料。企业对员工生产率也进行了度量，但却为它赋予了较低的权重，因为生产过程是高度自动化的。制造业公司的例子或许更容易理解和应用，因为度量其产出很容易。该图没有列示“员工分心指标”，但也可以将这一指标包含进去，并覆盖所有领薪水的员工，因为这些人比小时工更容易分心。

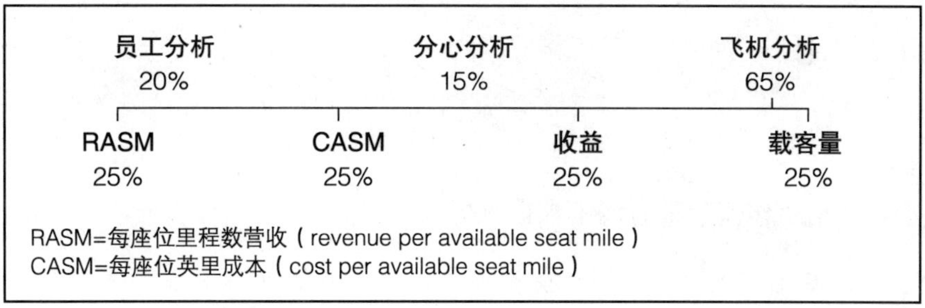

图 7.5　航空公司生产率分析指标示例

设备	能源	员工	原材料
40%	25%	15%	20%

图 7.6　制造公司生产率分析指标示例

7.3 运营指标三：流程分析指标

所有组织都有两大类主要的流程：

- 生产产品或提供服务的流程。
- 提供支持或管理的流程。

显然，这两类流程都可以增加价值，否则你就不会做了。事实上，“价值增值”（value-added）这一术语已经十分流行，并被鲍得里奇奖引为标准，以描述工厂或人员的活动。在饭馆，价值增值流程是食品购买、食品加工、招待、洗碗盘等。在医院，价值增值流程的一部分包括外科手术、实验室工作、挂号、食品供应、清洁、病人护理、病人治疗、诊断等。

流程分析指标旨在告诉经理组织在执行与使命相关的关键工作流程方面做得如何。财务结果通常是价值增值流程良好运转的结果，但这些指标往往更直接地关注工作的完成情况。在执行层面上，该指标是对所有主要价值增值流程的概括。看一看低层经理的计分卡，其重点只是关注他们自己从事的那部分工作的流程。

7.3.1 创建流程分析指标

任何工作流程都有四个数据收集点：

1. **初始投入**。对于一个流程而言，初始投入可能包括原材料、信息、规格或标准、培训/知识、参考、工具、机器设备和员工。
2. **过程处理**。这是工作执行过程中的一些指标，可能是度量员工行为的指标，也可能是技术维度的度量指标。例如，烘烤过程的两个流程度量维度是时间和温度。流程指标必须在工作过程中进行度量，而且它们是与顾客要求相关的关键度量指标的先行指标：对于航空公司而言，飞机的平均行驶速度（这是在工作过程中的一种流程指标）与能否准时着陆（这是顾客的要求）密切相关。

3. **结果输出**。所有工作过程都要输出一些结果。这些结果可能是物质产品，如安装好的灰泥墙、一份报告或者某种类型的书面文件，也可能是一种成就，如一辆修理好的汽车。结果通常很容易检查和度量。但是，它们都是滞后指标。
4. **效果**。效果是产出所带来的好的或坏的东西。例如，一所准时建好的房子可能会使顾客很幸福，顾客也会向其他人推荐这一建筑商。与之相似，准确、及时地完成订单会带来新的订单。相反，一辆车如果第一次不能顺利修好，那么下一次顾客就会直接去找其他汽车修理厂（失去了业务）。效果也是滞后指标，但组织十分重视这些指标，如销售额、利润额、声誉和顾客忠诚度。

流程分析指标中四个因素的典型权重如图 7.7 所示。从图中可以看出，权重的设计是很平衡的：指标中 50% 是先行指标（即初始投入和过程处理），另 50% 是滞后指标或关注过去的指标。

初始投入	20%
过程处理	30%
结果输出	30%
效果	20%

表 7.7　流程分析指标中四个次级指标的典型权重

7.3.2　产品/服务的质量分析指标

当今许多组织都热衷于关注关键流程的各个方面。例如，强生公司（Johnson & Johnson）甚至围绕它的主要业务流程来设计其计分卡的结构。另一种度量方法常见于那些比较关注产品或服务质量的组织（如医院），这种方法是在那些注重质量指标的计分卡中加入更高水平的分析指标。医院可能会设计出如图 7.8 所示的质量分析指标。

临床质量标准	病人护理标准	内部服务标准
45%	35%	20%

图 7.8 医院质量分析指标示例

我们举个例子来说明服务质量分析指标（Service Quality Analytic）。洛杉矶市人力资源开发部（WDD）主要为中青年人介绍工作，帮助青年人重返校园，帮助老板寻找合适的员工等。WDD 是洛杉矶市采纳绩效分析指标的先驱之一。在其计分卡上有 6 类数据，对应着鲍得里奇模型的 6 种结果类别。其中一类数据包括硬性客观指标，反映了 WDD 在帮助人们找到好工作和受教育机会、帮助雇主找到优秀员工方面做得如何。WDD 提出的质量分析指标如图 7.9 所示。编号系统主要是为了显示不同指标之间的层级关系。

1.1 员工 70%			1.2 组织 30%	
1.1.1 成年人 50%	1.1.2 青年 25%	1.1.3OSY * 25%	1.2.1 工作 75%	1.2.2 企业服务 25%
1.1.1.1 就业 40%	1.1.2.1 信任度 35%	1.1.3.1 就业 35%	1.2.1.1 雇用比例 50%	1.2.2.1 雇用 40%
1.1.1.2 工资收入 20%	1.1.2.2 教育安置 30%	1.1.3.2 教育安置 20%	1.2.1.2 保持力 25%	1.2.2.2 广泛性 10%
1.1.1.3 保持力 30%	1.1.2.3 工作安置 20%	1.1.3.3 入伍 20%	1.2.1.3 需要人的岗位 25%	1.2.2.3 组织质量定位 50%
1.1.1.4 信任度 10%	1.1.2.4 保持力 20%	1.1.3.4 信任度 15%	1.1.3.5 保持力 15%	

图 7.9 洛杉矶人力资源开发部服务质量分析指标 1.0

7.4 运营指标四：企业卓越性分析指标

当今，大多数大型企业正在努力节约支出、提高绩效——如利用本书第 6 章讨论的客户关系管理。本章这一部分将讲述如何构建一个分析指标，以告诉管理者企业是否正在通过以下努力而不断进步：

- 六西格玛管理。
- 精益。
- 知识管理。
- 作业成本法/作业管理。
- 国际标准组织（ISO）认证。
- 平衡计分卡。
- Joint Commission 认证。
- 鲍得里奇奖。

对于上述这些努力来说，除了很少实现的成本削减目标外，还要有一些能够度量其成功的可量化的指标。有一些公司通过上述努力已经取得了巨大的成功。然而，有一些公司虽然花费了许多资金和时间，却没有取得实质性的、明显的成果。关键是要尽早认识到这一点，如果发现这些努力没有取得任何成效，就要找出其中的原因。

公司经常同时开展一系列项目，而这些项目通常被认为是值得的。安全项目、销售培训项目、员工团队建设等可能都是你已经开展多年的项目。尽管你没有收集关于这些项目的定量数据，但体现其价值的证据还是存在的：人们对他们的工作方式很满意，不需要什么统计数据来验证。由于有了这一证据，你就没有必要把这些项目纳入到企业卓越性分析指标中去。

应该纳入企业卓越性分析指标的是一些新的举措和项目，它们会花费组织很多的金钱和精力，是高层领导都真正感兴趣的。这些纳入企业卓越性分析指标中的举措不一定局限于管理项目。沿着这些思路，一家公司在企业卓越性指标中引入了一个指标，强调 Peoplesoft 公司人力资源管理软件的应用，另一家企业则在其分析指标中引入了一项指标，以度量其花费数百万美元从 EDS 公司购买的软件包能否改进公司的事务处理。

构建企业卓越性分析指标。第一项任务是找出组织目前正在实施哪些项目，并根据它们的重要性和所需的资源分别分其设置权重。图 7.10 说明了一家航天设备公司是如何为其两个最大的项目和两个最小的项目设置权重的。

精益六西格玛	作业管理	知识管理	ISO
35%	15%	30%	20%

图 7.10　航天设备公司的企业卓越性分析指标示例

作业管理和 ISO 是公司近年来一直实施的项目，这些项目在公司中处于维持阶段。公司的主要资源被应用到新实施的精益六西格玛（精益生产和六西格玛管理的混合体）和知识管理中，由于它们是领导者的兴趣所在，因此对这两个项目赋予较高的权重非常重要。领导者认为它们有助于提高公司的盈利能力。

在另一个案例中，一家医院想在其 CEO 的计分卡中引入能够反映各种项目进展情况的指标。这家医院的愿景是赢得鲍得里奇奖和一些护理方面的奖项，也在一直努力维持已经获得的一些认证，这是目前突袭审计用的较多的。这三个项目在标准与结果方面有很多重叠之处，而 CEO 希望能够分别审查各个项目，然后再了解总体结果，而这种情况正是分析型指标的用武之地。

我们为医院建立的企业卓越性分析指标如图 7.11 所示。其中，使组织与鲍得里奇标准保持一致的流程被赋予了最大的权重，因为鲍得里奇模型的综合程度非常高，涵盖了医院所有的流程和结果。改善与鲍得里奇模型的一致性也能使医院满足Joint Commission认证和护理认证的标准。

Joint Commission 认证	鲍得里奇奖	护理认证
25%	50%	25%

图7.11 医院的企业卓越性分析指标示例

找到需要改进的项目，并按照这些项目对组织的重要性设置权重后，接下来的任务就是考虑如何衡量项目成功与否。对于任何一个流程，都应该有四类指标加入到企业卓越性分析指标中，即初始投入、过程处理、结果输出和效果。目前流行的改善项目的四类指标的例子如图7.12和图7.14所示。

知识管理指标。今天，许多组织面临的一个较大的挑战是如何记载并传播重要的知识，以使人们从这些过去的发现中受益。这个挑战在几个世纪以前就已经存在，它导致了书籍的发明。书籍至今仍是记载和传递大部分知识的主要方式。然而，我们今天还有电子数据库，使我们可以在线获取书籍、论文、研究报告、视频甚至是进行诊断。虽然可以通过各种渠道获得丰富的数据，但我们却几乎没有度量过它对组织的帮助有多大以及效果如何。

美国生产率与质量中心的一份研究报告指出，许多进行知识管理的公司没有度量其工作成果的指标。它们采用传统的滞后指标如增长率或利润率等，但这并不能说明企业的成长大部分来自知识管理项目。因此，那些在知识管理项目上花费了巨额资金的公司需要在其管理者的计分卡中加入一个指标，告诉他们这一项目是否在增加价值。“项目进展如何”的非正式数据不足以满足大型项目的要求。知识管理分析指标应该包括四类数据，如图7.12所示。

在构建知识管理分析指标时，刚开展这一项目的公司应该考虑把70%或更高的权重赋予初始投入和过程处理指标，因为最初一两年结果输出和效果会很少，或根本没有。随着公司全面部署综合知识管理系统，知识管理分析指标中具体指标的权重应逐渐向结果输出和效果转移。图 7.13 的例子说明了具体次级指标权重的变化。

1. **认知或初始投入指标**（示例）
   - 员工知道哪些类型的知识需要记载下来。
   - 知识管理工具和系统。
   - 其他公司知识管理系统的标杆数据。
   - 记载知识的形式和过程。
2. **行为或流程指标**（示例）
   - 参加知识管理培训。
   - 参与知识管理活动。
   - 进行展示。
   - 主持知识分享会议。
   - 创建知识管理数据库。
   - 记录知识。
   - 研究最佳实践。
   - 建立知识管理网站或数据库。
3. **结果输出指标**——包括度量知识管理输出的质量、精确性、完整性、及时性等指标，如：
   - 最佳实践文献。
   - 决策辅助。
   - 白皮书。
   - 幻灯片。
   - 培训资料
4. **效果指标**（示例）
   - 其他成员对最佳实践的采纳。
   - 对知识管理系统的奖励和认可。
   - 新知识对关键输出指标或组织绩效的影响，例如新产品销售量、生产率、增长率、利润率、成本削减或质量提升。

图 7.12　知识管理分析指标中应考虑的指标示例

知识管理分析指标	第一年	第三年	第五年
初始投入	30%	20%	10%
过程处理	40%	30%	20%
结果输出	20%	30%	40%
效果	10%	20%	30%

图 7.13　知识管理分析指标的权重随时间的改变而改变示例

一家海军企业在设计知识管理指标时努力寻找最佳实践，却发现许多公司跟踪的大多数活动指标与有意义的结果并不相关。这些公司非常重视数据库的数量、这些数据库被点击的次数、产品展示的次数以及知识共享会议的召开次数等。这类活动很多，但没有确凿的证据表明这些活动改变了公司的绩效。给这家企业印象最深刻的知识管理指标是福特汽车公司使用的方法。

福特公司的做法是只衡量结果输出和效果。这家公司也曾经对活动进行过度量，但发现所做的一切只是在鼓励浪费。相反，福特公司知识管理指标度量的是公司的某个部门想出的新想法有多少被其他部门采纳和实施。福特还度量了这些方法和新想法的实施对公司的底线有何改善。

美国海军航空母舰维护一号团队（NCTO）非常喜欢福特公司的这一做法，但令人担心的是，它关注的指标严格来说是一种滞后指标。这对于 NCTO 而言是更大的担忧，因为刚刚开始实施知识管理的 NCTO 认识到，他们要过一段时间才能看到成果。为了缓解这些担忧，NCTO 提出了如图 7.14 所示的知识管理分析指标。从图中可以看到，知识管理活力指数（KM Vitality Index）（或分析指标）由两个二级指标构成：知识共享网络参与指标（KSN Commitment，40%）和可行实践效仿指标（Proven Practice Replication，60%）。可行实践效仿指标是 NCTO 从福特公司的做法中衍生出来的一种滞后指标。知识共享网络（Knowledge-Sharing Network）参与指标是活动的先行指标，它主要度量在知识管理实践中各个部门的参与程度如何。例如，参与度低说明组织派去参加知识共享会议的低层级员工人数较少。另一方面，参与度高则表明企业拥有大量高水平、有天赋的员工参与知识分享。

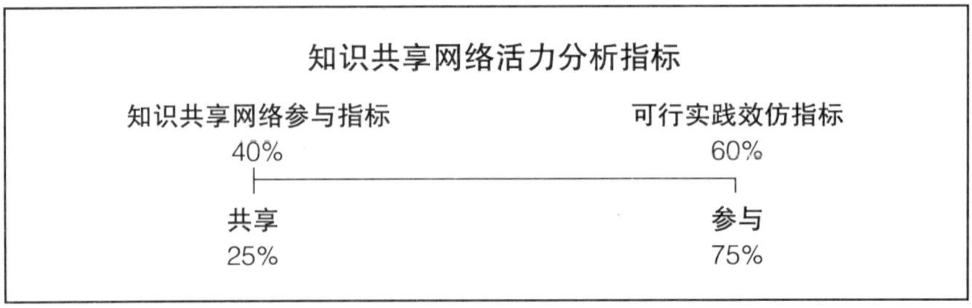

图 7.14　NCTO 知识管理分析指标示例

精益生产和六西格玛指标。不论是精益生产还是六西格玛管理都已经帮助许多企业提高了工作效率。建立一个可以告诉高管项目进展情况的指标或分析指标与建立知识管理指标的方法类似。任何度量绩效改进项目的指标都要包括上面提到的四种指标：初始投入、过程处理、结果输出、效果。六西格玛管理和精益生产分析指标也应该随着项目的全面部署而调整。在刚开始的时候，初始投入和过程处理次级指标应该被赋予较大的权重；随着时间的失衡，结果输出和效果指标应该被赋予较大的权重。每一个次级指标中需要考虑的指标如图 7.15 所示。

六西格玛管理和精益生产都应该在组织的许多计分卡指标中产生积极的影响。检验你度量的对象是否正确的方法是看它们与其他计分卡指标的联系。如果精益生产指标总是绿色的，而公司绩效的关键度量指标如生产率和盈利率等一直是红色的，那么精益生产/六西格玛管理分析指标中的次级指标可能就是错误的。这一指标应该是度量组织成功与否的指标的先行指标，但绝不能被当成是唯一的指标。如果公司的盈利增加了，你不能认为六西格玛管理是利润增加的主要原因。

四类指标中的统计分析方法可以用在诸如采用新软件、领导力开发或任何耗资巨大、能够改善组织绩效的项目上。

1. **初始投入指标**（示例）

- 接受培训的员工数量及培训水平（如六西格玛中的绿带、黑带），与学习/改善相关的流程。
- 形成团队的比例。
- 来自高层管理者的指导/目标。
- 收到的资源。
- 流程文件。
- 绩效数据。

2. **过程指标**（示例）

- 形成团队的比例。
- 召开的团队会议。
- 团队成员的参与水平。
- 完成的标杆研究。
- 运用正确方法进行分析的流程。
- 运用适当方法进行的研究/学习。
- 在执行项目的过程中利用系统化的流程。
- 对进展情况的恰当记录。
- 流程利益相关者/责任者的参与。
- 与其他组织的知识共享活动。

3. **结果输出指标**（示例）

- 生成的流程图数量。
- 研究的质量和彻底性。
- 流程数据的真实性。
- 收集到足够的趋势数据。
- 完成分析的彻底性。
- 重大事件准时完成。
- 改进项目的预算绩效。
- 利益相关者的反馈。
- 完成的展示。
- 流程改进文件的清晰性和彻底性。
- 六西格玛管理/精益生产与公司目标的联系。

4. **效果指标**（示例）

- 成本削减。
- 周期时间改进。
- 安全性改进。
- 浪费/废料的减少。
- 质量或产出的改进。
- 毛利率的提高。
- 员工满意度的提高。
- 对团队项目的奖励或认可。
- 增加了用于实施精益生产或六西格玛管理的资源。
- 精益生产或六西格玛管理在组织日常运营中的发展。
- 员工和管理者对努力工作的支持度提高。

图 7.15　精益或六西格玛分析指标应该考虑的指标示例

7.5 运营指标五：研发分析指标

研发职能并不局限于制造业企业，各种类型的服务或非营利组织都需要研究与开发新的产品和服务。在像Bose音响公司和美敦力公司这样的企业中，研发是真正的竞争优势所在。Bose公司在研发上的投入是其竞争对手的2倍，而回报就是：Bose一些新音响产品通常都是顾客喜爱的。新产品销售是研发的一个重要指标，但在新产品投放市场之前往往要进行多年的研究、开发、测试等。它面临的挑战是度量研发的进展是否顺利。

另一项挑战是不要让你制定的目标、召开的评估会议和执行的结构化研发指标破坏员工的创造力。例如，许多乐队在每年录制完一张专辑并答应再制作一张新唱片时其创造力就丧失了。乐队每年完成一张新唱片，但其中很少是优秀的。为创造性工作设定目标或度量其进度是一件很棘手的工作。一个替代的办法是雇用一些真正聪明的员工，让他们顺其自然地进行创造，直到开发出你认为会畅销的产品或服务。大部分组织都不愿意采取这种激进的方法，它们认为即使是像研发这种创造性的过程也需要通过某种方式进行度量。

7.5.1 作为一个系统的研发职能

与任何工作流程一样，研发也是一个包括了初始投入、流程、结果输出和效果等因素的系统。图7.16显示了在设计研发分析指标时应该考虑的一些指标，图7.17则是研发职能的系统模型，其中列出了相关的衡量点。最后，图7.18显示了CEO计分卡中比较好的研发分析指标应该是什么样子。

1. **投入指标**。研发流程的主要投入包括：

- 市场调研。
- 顾客反馈。
- 竞争数据。
- 新技术或新发现、工具、设备、资源、目标以及公司发展方向的信息。
- 其他研发投入可能是与营销、工程、制造和其他部门相关的问题或具体要求。

2. **流程指标**。在研发过程中有许多流程：

- 提建议。
- 进行展示。
- 参加会议。
- 开展研究。
- 设计样品。
- 测试和评估。
- 记录获得的发现。
- 准备发布。
- 制定项目计划。
- 交流/部署新计划。
- 获得融资。

3. **结果输出指标**。研发会生成许多可以度量的结果，包括：

- 专利。
- 论文。
- 出版物。
- 样品原型。
- 研究成果/数据。
- 项目计划。
- 授权应用。
- 提案。
- 新产品。
- 新知识或技术。

4. **效果指标**。研发输出的接收系统包括市场、商业计划、制造、工程、分销和最终客户。源于研发流程的一些主要成果如下：

- 新产品销售金额。
- 新产品销售利润。
- 成本削减。
- 周转时间缩短。
- 产品性能提高。
- 支出减少。
- 市场份额提高。
- 吸引了新顾客。
- 老顾客更加忠诚。

图 7.16　研发分析指标中需要考虑的指标示例

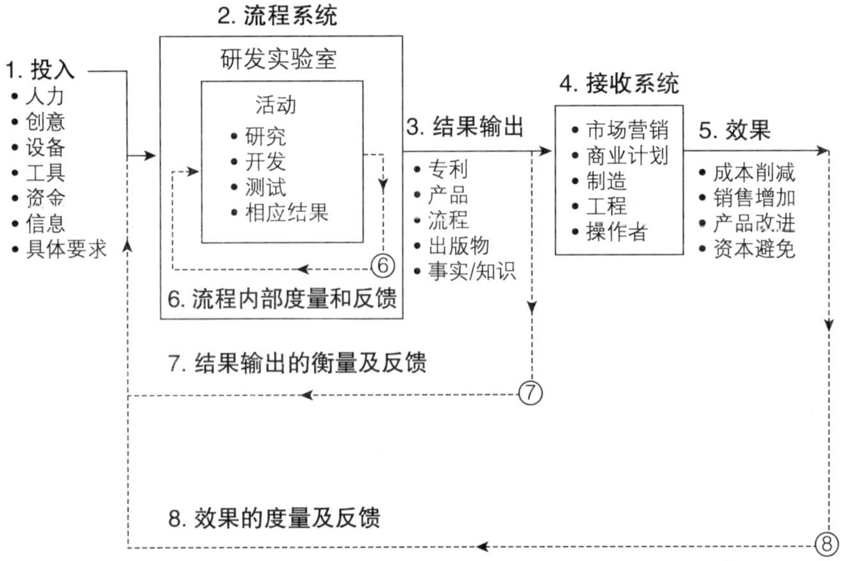

图 7.17 研发度量与系统模型

投入	流程指标	结果输出	效果
20%	15%	30%	35%

图 7.18 研发分析指标中各次级指标的权重示例

7.5.2 案例分析：动力纺织公司的研发指标

动力纺织公司（Momentum Textiles）是加利福尼亚欧文市（Irvine）的一家织物设计和制造厂。作为行业龙头，动力纺织公司为家具、建筑与设计团体设计纺织品。这家工厂的织物大量应用于旅馆、饭店和其他商业场所。动力纺织公司并没有像 Bose 公司的那种研发职能，但确实有一个流程叫“设计”，实际上在履行新产品开发职能。

动力纺织公司的研发投入指标。动力纺织公司研发分析指标中的投入指标是它收集的流行趋势、家具趋势和其他市场信息的质量和完整性。

那些与客户关系密切的设计师总是会设计出客户喜欢并愿意购买的纺织品。

动力纺织公司的研发流程指标。公司设计流程指标主要度量以下几个方面：

- 设计师花费多长时间与客户交流。
- 新设计的周期时间。
- 与顾客一起测试新产品。

经过多年发展，动力纺织公司学到了十分宝贵的一课：顾客声称最喜欢的纺织品不一定是他们最终购买的那一种。公司的客户代表也发现询问顾客最喜欢哪种纺织品并不是一种评价新设计的好方法。动力纺织公司仍然要求顾客评价纺织品样品，但客户代表现在更多的是记录顾客的行为而不是顾客的评语。

动力纺织公司观察并记录的，是顾客首先拿起哪一种纺织品，并且看的时间最长。公司的调研机构和客户代表证实，可以卖出去的纺织品是那些最先被拿起且被观看时间最长的那一种，而不是客户声称喜欢的那些品种。收集了分类顾客的这部分信息后，动力纺织公司找到了一个优秀的流程指标——一个与新织物销售密切相关的指标。

为了促进和增强设计师与顾客的联系，所有设计师都被分派到不同的行业销售小组中，现在则全职为某一个行业小组工作。也就是说，一些设计师与旅馆和饭店合作，另一些与健康护理机构合作，还有一些与商业办公家具行业合作。

动力纺织公司的研发结果输出指标。结果输出指标包括：

- 新设计的纺织品数量。
- 畅销品种与被取消品种的数量对比。
- 新产品的成本和周期时间。

动力纺织公司的研发效果指标。效果指标包括：

- 设计成本除以整个公司的毛利和销售额。
- 新产品为公司带来的收入。
- 对优秀设计的奖励。

7.5.3 缩短研发周期的重要性

大约10年前，我与爱立信公司的手机业务部门合作。爱立信有一套完备的新产品研究和测试流程，它能确保一种产品只要投入市场，就是高质量的。但问题是过分追求完美会耗费很长时间。等爱立信推出一款新手机时，诺基亚早在8个月前就向市场推出了一款同样的手机。这使得爱立信开发一种新产品的时间是诺基亚的2倍。今天，诺基亚公司仍然是一个家喻户晓的公司，而爱立信则已经与其他公司合并。一家公司的竞争优势往往来自于最佳的周期时间。那些能以最快的速度研发并推出新产品的公司往往能在消费者口味改变之前抢占最大的市场份额。

无疑，许多产品的周期时间大大缩短了。过去，诺基亚要用12～18个月才能研发出一部新型手机；现在，这一研发过程只需要6～9个月。与之类似，日产汽车公司过去要花21个月才能开发出新车型，现在只要短短10个月就可以让新型号的汽车面市。

周期时间在时尚行业更为重要。H&M是一家成功的瑞典零售商，在美国、欧洲、亚洲等地都有店铺，它从产品设计到上架只需要3个星期的时间！时尚趋势发展很快，但改变也很快。如果在人们想要的时候没有上架，她们是不会等待的。大多数时候，她们会去寻找其他款式的服装。

对于H&M这样的零售服装店来说，一项重要的投入指标就是流行趋势指标。有关趋势的知识是把握最新趋势的关键指标。这类信息的及时性同样也很重要。当大多数人感受到一种趋势时，它也就快要过时了。流程指标能够找出恰当的织物和生产商。H&M公司有很多家承包商，企业要根据专长、所处位置和工作量等选择适当的公司为其生产。结果输出指标度量产量、店铺内库存量、发货的周期时间、产品质量和向每家商店的发货量（保证满足需求）。

7.6 本章小结

组织计分卡的运营分析部分应集中回答以下几个重要的问题：

1. 我们的主要项目进展如何？（这与项目管理分析指标相关。）
2. 我们是否使我们的员工和其他资源的生产率最大化？（这与生产率分析指标相关。）
3. 我们是否坚持满足产品和服务的质量标准？（这与流程分析指标相关。）
4. 我们投资从事的绩效改善项目是不是有效？（这与企业卓越性分析指标相关。）
5. 在生产新产品和服务以满足市场需求方面我们做得如何？（这与研发分析指标相关。）

这是需要定量答案的 5 个基本问题。围绕着这 5 个基本问题设计的计分卡运营分析指标使我们对过去、现在、未来取得了较好的平衡。生产率和质量指标是滞后指标。项目管理分析指标和企业卓越性分析指标是对现在和未来的度量，研发分析指标则主要集中在对未来绩效的度量上。

我们推荐加入计分卡这一部分的 5 个分析指标应该被看成是一个一般性的起点。正如本章开头所述，计分卡的运营部分是一个最需要客户根据组织的本质进行定制的部分。在美国陆军工程兵团之类的组织中，项目管理分析指标实际上是最重要的，它代表了这个组织的大部分工作。该组织也许没有必要对产品或服务质量、研究与开发等进行度量，因为它不进行研发，也没有实际的产品或服务。在制造业企业的计分卡上，也许没有必要引入项目管理分析指标或企业卓越性分析指标，但必须对产品或服务质量设立单独的指标。

你可以根据自己的需要对本部分介绍的指标进行调整，但要记住以下几条指导原则：

- 在计分卡的这一部分中不应该多于6个高级分析指标。
- 你的指标应尽可能平衡过去、现在、将来。
- 把质量、生产率、及时性、创新等基本概念当成是计分卡这一部分经常涵盖的主要维度。
- 大部分指标应该与组织的核心使命和产品或服务相关联。
- 确保在你的分析指标中包含标准的行业指标，哪怕它并不完美。

下一章将介绍财务和战略分析指标。尽管有标准的企业财务分析指标，但不同的组织还是倾向于采用不同的财务分析指标。第8章讲述了如何将正确的财务指标纳入分析指标中，以及如何度量最重要的战略（与你的组织愿景关系最密切的战略）是否成功。

运营分析指标的要点

- ☐ 运营指标提供了有关组织整体使命以及重要项目执行情况的数据。
- ☐ 所有的行业和领域都在其计分卡的这一部分加入了独特的运营分析指标。
- ☐ 所有组织都有此类指标，但大部分企业跟踪的指标过多，因此，分析指标为我们提供了一种可以将多个单项指标结合成一个综合绩效指标的方法。
- ☐ 大部分组织需要有一种能够告诉管理层重大资本项目或其他项目进展情况的指标。
- ☐ 运营指标主要着眼于质量、生产率、及时性、流程和创新等方面。
- ☐ 在许多组织中，研究与开发新产品和服务是一种需要定制指标的流程。
- ☐ 大部分大型机构正在投资于某些改善项目，例如精益、六西格玛或作业成本管理等。管理者需要在计分卡中引入一种指标，以提供这些项目是否成功的客观数据。

第8章 战略与财务分析指标：度量最重要的因素

战略指标告诉组织的领导者企业向愿景推进的过程如何。大多数情况下，把战略指标或与愿景相关的指标与那些和组织目标或使命相关的指标区分开来是有益的。在计分卡上通常会有 10～15 种与使命相关的指标，但与愿景相关的指标很少。例如，如果你的愿景是成长，那么你就可以把一个成长性指标纳入计分卡的这一部分，同时加入度量两个主要成长战略的指标。

计分卡上的财务指标对少数关键统计数据进行了总结，它能告诉评估者从财务角度看组织运转如何。财务统计数据面临的最大挑战在于要将其压缩为 3～4 个数据。另外需要记住的是，传统财务指标关注的都是过去的事情，而平衡计分卡中的财务分析指标应该包括一些先行指标。

与运营指标一样，计分卡上的财务和战略分析指标也应该根据企业愿景和业务性质的不同而进行调整。尽管有一些标准的财务指标，如大多数企业计分卡上都包含的销售额和利润额，但就算是这些指标也需要根据企业的偏好进行调整。大部分企业负责人偏好容易观察的财务统计数据或比率。与本书其他章节介绍的模型不同，本章介绍的一般性模型可能不适合特定的财务和战略指标。然而，通过观察其他组织如何建立计分卡中这一部分的指标，你就能够将这些模型描述的概念应用到你自己的财务和战略指标中。

企业、非营利组织和政府机构的战略与财务指标需要回答的问题如图 8.1 所示。这些组织中的战略指标告诉领导者组织是否在向自己的愿景迈进。有时，战略指标和财务指标相互重叠：如果组织的愿景是在市场份额中位列第三，则市场份额就是一个很好的战略指标。更常见的情况是，战略指标与特定战略相联系，而这些战略是为实现一个愿景而部署的：如果一所学校校区的愿景是要成为全美最好的校区，那么其战略指标就应该度量在整个校区部署推行鲍得里奇标准的情况。

对于企业来说，计分卡上的这些指标为下列有关财务绩效的问题提供了答案：

- □ 我们能够盈利吗？我们的投资收益率（ROI）高吗？
- □ 我们能够管理现金流以保证满足所有的偿债要求吗？
- □ 我们最小化财务风险了吗？
- □ 我们未来的财务绩效如何？
- □ 我们的销售额和市场份额增加了吗？

对于政府或非营利组织而言，计分卡的这一部分通常能够回答以下问题：

- □ 我们的成果为纳税人和其他利益相关者提供了高价值吗？
- □ 我们是否能够有效地管理支出以确保不超出预算？
- □ 我们是否拥有新的收入来源或其他资源？
- □ 我们是否能够持续削减成本或至少提高资源的生产率？

图 8.1　战略与财务指标回答的问题

8.1　战略指标

提出一整套战略指标的先决条件是要拥有一个清晰的、可量化的愿景，并拥有实现此愿景的明确的战略。指标可能源自于愿景本身，也可能源自于那些实现愿景的战略。为了说明这一概念，我们需要重新回顾一下前几章提到的一个组织：加利福尼亚州圣何塞的圣克拉拉山谷水利局。该水利局的愿景是“更环保，更清洁，更精益”，其 CEO 的计分卡包括三类分析指标，提供了在这一区域实现公司愿景的数据。图 8.2 列示的指标取自公司的愿景（共有三个部分）。三个分析指标中的各次级指标度量了企业在“更环保，更清洁，更精益”方面做得如何，既包括先行指标，也包括滞后指标。每一种分析指标下的具体指标分别用黄色（代表清洁）、绿色（代表环保）和蓝色（代表精益）表示。在图 8.2 中，浅灰色代表黄色，深灰色代表绿色，黑色代表蓝色。

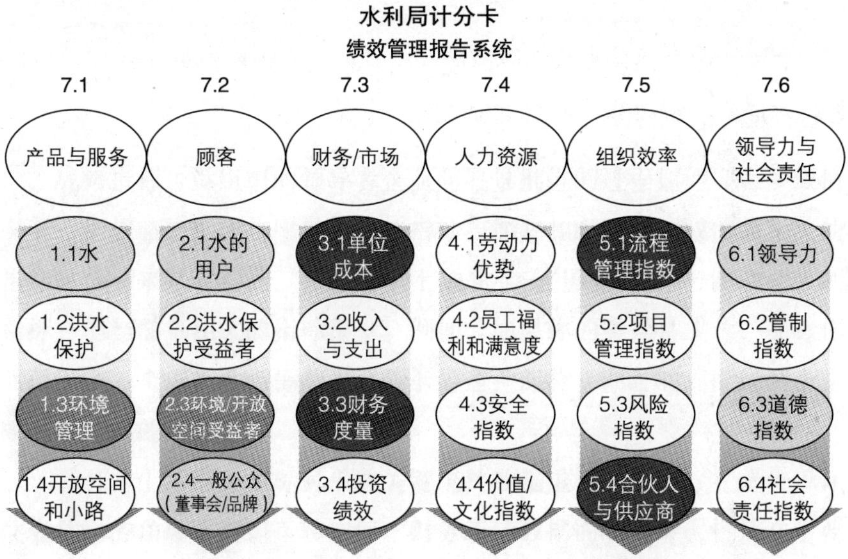

图 8.2　圣克拉拉山谷水利局计分卡中的战略指标

跟我合作过的两家公司（探索信用卡公司和爱立信公司）有相同的愿景：在市场份额排名中至少排在第三位。探索信用卡公司（Discover Card）认为应该运用三种策略去提高自己的市场份额：

1. 第一种策略是公司获得更多的信用卡会员或客户。这可以通过一些市场营销或广告活动来实现，包括直邮、电视、印刷、广播等广告。公司还提出了一种有吸引力的余额转移选择权（balance transfer option），帮助客户把账户里的钱从 Visa 卡或 MasterCard 卡转到探索公司的信用卡里。

2. 第二种策略是与尽可能多的商家签订合约，以使探索信用卡的接受面更广。

3. 第三种增长策略是开发可以吸引更多细分市场用户的新信用卡。例如，探索信用卡公司开发了一种高级的“黑”卡，这种信用卡对那些高收入或有高度自觉性的客户很有吸引力。公司还提供很多与大学、俱乐部等联合开发的信用卡和附属卡，另外还有些艺术性很高的信用卡。

探索信用卡公司为其计分卡设计了三种战略指标，每一种都与其市场份额增长战略相关，如图 8.3 所示。

新卡会员分析指标	新商户分析指标	新卡/产品分析指标

图 8.3　探索信用卡公司战略分析指标示例

新卡会员度量分析包括了滞后指标，如新卡会员的数量，但也包含了度量会员质量的指标和度量直邮以及其他招徕新客户的营销活动有效性的指标。

爱立信公司对市场份额的愿景与之类似，为此，该公司制定了三个策略：

1. 增加品牌认知度并提升品牌在客户中的形象。
2. 与零售商建立合作关系。
3. 增加研发与新产品开发。

在计分卡的这一部分，两家公司都将市场份额作为一个指标，因为这是它们的终极愿景。市场份额指标不是一个分析指标，而只是度量市场份额的一种指标。

诺福克海军造船厂为美国海军修理船只、航空母舰和潜艇。它为指挥官设置了三种战略指标。这三种战略指标或指数是由多种次级指标构成的，它们是：

1. **领导力指数**：提供与工作场所中知识/技能差距相关的数据。

2. **一致性指数**：提供与目标、度量指标、战略和改善项目一致性相关的数据。

3. **顾客意外指数**：为管理者提供令顾客感到意外的与成本超标、未能在最后期限完工或质量问题相关的数据，包括出现这些问题的频率和程度。

正常情况下，这三项指标应该加入到计分卡的其他部分，但因为与指挥官的愿景密切相关，因此将它们加入计分卡的这一部分（作为一种选择，领导力指数可以放到其他人力资源指标中；一致性指数可以放到组织效率指标中；顾客意外指数则可以放入指挥官计分卡的顾客部分）。

8.2 财务指标

计分卡的这一部分很少需要进行彻底的调整，因为现在度量的指标几乎都要继续进行度量。最大的调整将发生在度量的过程中，并要把一长串具体指标纳入到为数不多的财务分析指标中。这其中最难的地方在于选择一个指数或分析指标，这一指标应该能够为领导者提供有关过去绩效的整体评价。有些公司喜欢选择 EBITDA 指标，有些公司选择利润指标，有些公司选择销售收入指标，另一些公司则选择股价指标等。图 8.4 列示的一些标准可以帮助你确定哪些指标能最好地描述财务健康度。

- ☐ **频率**：我们能每天或每周对这些数据进行追踪吗？
- ☐ **真实性**：这一指标提供的数据准确吗？我们能够信任这些数据吗？
- ☐ **可接受性**：这种指标能被外部人员和行业所接受吗？
- ☐ **影响力**：我们能对这种指标施加强大的控制力吗？
- ☐ **重要性**：这种指标真的可以评估企业的财务状况是否健康吗？
- ☐ **层级**：这一指标是度量财务成功的最高层级指标，还是一个次级指标？

图 8.4　为组织选择计分卡的财务指标时应考虑的标准

8.2.1 财务分析指标

如果说在一个领域管理者喜欢看到一大堆数字的话，那将是财务。因此，在大多数公司里，要说服高级领导提出一种可以很好地反映组织财务健康状况的指标将是很难的。我们采用的技巧是告诉管理者“少即是多”（less is more）：一种财务分析指标可能是由一系列被赋予适当权重的具体指标构成，这样的分析指标比一大串传统财务指标更有效。图8.5说明了这一概念。

收入增长	利润	股价	投资收益率
20%	30%	30%	20%

图 8.5　财务分析指标的次级指标权重示例

在图8.5所示的例子中，我们将四项反映财务健康度的滞后指标汇总成一个单一的分析指标。如果组织满足了这四项指标的要求，那么该分析指标将呈现绿色，除非企业的某一部分偏离标准，否则就不会出现黄色或红色警告。像这样的分析指标最好的状况是有两个次级指标（收入和股价）每天都会发生变化，并且这两个指标占整个分析指标50%的权重。

即使数据收集的频率不一致，将单个指标综合成一个分析指标也是完全可以接受的。如果利润和投资收益率每月才计算一次，而股价和收入每天变化，那么利润和投资收益率的数据将在30天内保持不变，直到下个月的数据输入为止。

启动警戒灯的门槛可以根据你的要求来设置。在一些组织中，管理者可能只是希望在其某一业务部门没有实现财务目标时看到警示灯。而另一些公司则可能希望当某一产品没有在“绿色”水平上运转时就亮起警示灯。

8.2.2 过去、现在和将来的财务指标

平衡计分卡上理想的财务指标应该包含度量过去、现在和未来的

指标：

- 度量过去的指标度量的是那些今天已无法改变的重要结果。
- 度量现在的指标是那些可以努力改进以提升绩效的指标。
- 度量未来的指标则是那些有助于预测企业未来财务成功的指标。

图 8.6 列出了一些例子。

组织	过去	现在	未来
海军航母维修一号团队	净营业收入	工作日成本绩效	未来工作
加利福尼亚州立大学	单位成本与标杆	实际支出与预算	在新产品和服务上的支出
路德兄弟公司（现 Thrivent 财务公司）	权益收益率	LB 价值	成本节省
飞机维修公司	毛利率	项目支出与预算	积压的工作与合约
Palomar Pomerado 医院	EBITDA	医疗收治病人的每日支出	新融资的规模

图 8.6　不同类型组织中度量过去、现在和未来财务状况的指标示例

将图 8.6 转化成商业实践的一个简单的例子是我自己的咨询公司。我一直在追踪以下事情（请注意，分析指标使用了度量过去、现在和将来的指标）：

- 过去几个月我开了多少份账单？（反映过去的指标。）
- 应收账款是多少？开发票的日期是哪天？（反映现在的指标。）
- 书籍销售量是多少？（反映未来的指标。）

书籍销售量是一个与我的咨询收入相关的关注未来的财务指标，因为如果 100 个人买我的书，50 个人认真地读了我的书，2 个人给我打了电话，其中会有 1 个人聘用我去做咨询或培训工作。因此，如果几个月来书籍销售量下降的话，那么我就可以预测在未来 3 ~ 6 个月我的咨询收入也会下降。

在许多制造业企业中，关注未来的财务指标是订单。未来财务指标不是预测，而是对绩效的实际度量。对于图 8.6 中所示的医院而言，关注未来的指标就是可以从拨款或其他来源获得多少新的资金。

你选择的财务指标可能不是分析指标或指数，而是具体的数字。我曾经合作过的几家公司的计分卡上最常见的两类面向过去的指标就是销售额（以货币计）和毛利率（以百分比计）：

1. 销售额或收入可能是毛利下的二级指标，也可能是一级指标，如图 8.7 所示。

2. 毛利润是一个很好的指标，因为它可以对组织的收入和支出进行汇总，并直接与盈利能力相关，只要你控制管理费用即可。

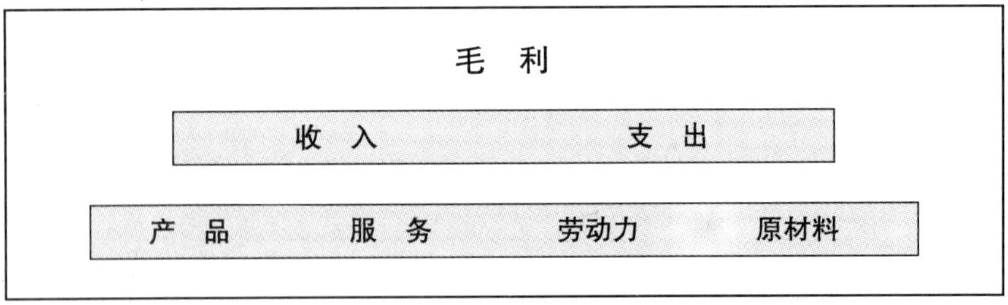

图 8.7　毛利指标示例

销售额/收入和毛利都能很好地度量利润或投资收益率，因为我们可以每天对这些指标进行追踪：尽管利润或投资收益率是任何企业追求的最终目标，但它们却不是计分卡中最好的指标，因为它们通常只能每月计算一次，而大部分经理希望能更频繁地分析资金的流入和流出。资金每天都会流入流出，因而需要对其进行更频繁的监控。

8.2.3　未来的财务指标

人们一直感到困惑的一个概念是未来财务指标并不是对过去指标（如销售额和毛利）的预测。未来财务指标是对未来状况的预测。你的计分卡上还有其他许多能够预测财务结果的指标。例如，顾客关系分析指标可以预测未来顾客的购买行为和销售量。同样，对员工生产率的度量与成本直接相关，而成本又与利润相关。实际上，大多数非财务指标都应该直接或间接地与企业的财务绩效相关联——如果无关，就不应该对它们进行跟踪！在计分卡的这一部分，我们要寻找的是这样一种指标：从本质上说它是一种财务指标，而且与财务成果指标如销售额和利润直接相关。

像 Bose 和美敦力这样的公司都被视为各自领域（视听设备和医疗设备）的先锋。这两家公司度量未来的指标都是新产品的销售额。尽管这是一个滞后指标（因为销售已经发生了），但它也是一个未来收入的预测指标。一种新产品（如降噪耳机或减轻疼痛的电子设备等）的销售收入在刚开始的时候可能很低。人们需要一段时间来认识这种产品，并产生需求。一旦销售势头出现，销售额就会逐年增长，直到产品进入生命周期的衰退期，销售额稳定在某一水平或者开始下降。因此，像 Bose 和美敦力这样的公司关注一种新产品第一年的销售额可能是一个非常好的面向未来的财务度量方法。这一指标提供的数据可用于预测，例如，第一年销售了一件产品，我们就以推断第二年会卖出 10 件产品，第三年卖出 20 件产品，依此类推。

同样的逻辑也适用于我根据图书的销量来推断自己的业务。过去 6 个月销售了多少本书是一个滞后指标，根据书籍的销售额，我收到了版税支票。然而，我的主要收入来源不是书籍版税，而是咨询和培训。所以，如果我的唯一职业是写书，那么书籍的版税就应该放入计分卡的滞后或过去部分。但因为我只是把书作为推销业务的一种策略，因此书籍销售额就是我的咨询收入的先行指标。

未来财务指标常常都是正面的指标，但也并非总是如此。在一些公司，关注一下负面的指标可能更重要。徘徊于破产边缘的通用汽车公司的例子就很好地说明了这一点。尽管通用汽车公司的市场份额已经显著降低，但它仍是世界上最大的汽车公司。通用悲剧的最主要原因不在于汽车销售缓慢，真正的问题在于公司对退休员工和在职员工承担的责任。成千上万美元的养老金费用和福利被加入到每一辆汽车的销售价格中。那些要求通用汽车公司向懒惰员工支付工资的工会合同也是通用利润的一大耗费源。因此，像通用这样的公司度量未来的指标可能是公司未来要承担的责任。

联合航空公司之类的企业也面临着同样的问题，申请破产是让它们从众多的责任（包括工会合同和员工养老金）中解脱出来的机会。但是，这种办法只是让财务指标好看一些的短期解决办法，常常会对员工满意度、股票价格和顾客对品牌的信心等造成毁灭性的影响。另外，这些负面影响会长时间困扰着你。

8.2.4 非营利组织和政府机构的财务指标

政府机构和非营利组织是不挣钱的，但它们必须要关注如何花钱，它们需要对纳税人或其他人负责，有责任让钱花在刀刃上。与商业组织一样，这些组织也可以从计分卡上优秀的财务分析指标中获益。

洛杉矶市人力资源开发部（WDD）是政府设计和运用分析法指标计分卡的先驱，其计分卡上的财务指标及其相对权重和次级指标如图8.8所示。

- 度量过去的财务指标：WDD可以从美国劳工部以极低的成本获得比较数据，从而为青年人、成年人或流动人口提供服务。单位成本是一项度量过去的指标，在WDD总体财务分析指标中占10%的权重。
- 度量现在的财务指标：WDD每个月都要度量实际支出与预算的情况。这是一项需要关注的重要指标，可以保证一切都在预算之内。
- 度量未来的财务指标。WDD的计分卡上有两项关注未来的财务指标：

1. 财务流程分析指标：这是一个关于组织是否遵循财务管理的规则或标准的指标。
2. 新资金数额：这不是一个分析指标，而是一个度量组织从拨款或其他来源所获资金数量的指标。

洛杉矶人力资源开发部

单位成本分析指标	预算与实际支出	财务流程	新资金数额分析指标
10%	20%	35%	35%

承包商支付的审计结果	周期时间
80%	20%
发现问题的数量	发现问题的严重性
50%	50%

图 8.8　非营利组织财务分析指标示例

这四个指标（1 个度量过去的指标、1 个度量现在指标的和 2 个度量未来的指标）回答了下列问题：

1. 我们是否有效地利用我们的资源为客户服务？（这一点由单位成本指标揭示。）
2. 我们是否严格遵守预算？（这一点由预算指数揭示。）
3. 我们是否遵循管理部门财务事务的相关规则或程序？（这个问题可以由财务流程分析指标回答。）
4. 我们是不是成功地从其他来源获得了资金？（这个问题可以通过度量新资金数额指标来回答。）

在 WDD 计分卡财务部分的四个指标中，只有一个是分析指标，其他的都是具体的财务数据，如为哪类顾客提供服务以及提供服务的类型（单位成本）、预算项目（预算与实际支出）和额外资金的来源（新资金数额）等。

8.3 本章小结

在计分卡的战略与财务部分中，各项指标对于不同组织而言都是最独一无二的。这一部分中的分析指标最少，而像销售额、利润额之类的单项统计指标则比较多。

总而言之，计分卡上的战略指标应该能够反映组织如何努力朝着实现自己的愿景前进。战略指标可能会强调员工问题、顾客问题、财务因素或其他事情。如果你想在计分卡上为战略指标或愿景建立一个特别的类别，那完全可以。下面这个例子说明了一些组织如何定制其战略指标。一家企业的愿景是成为《财富》“全球 100 家最适宜工作的公司”榜单上的一员。因为这家公司的整体愿景是围绕员工设置的，所以它将员工满意度和相关指标放入计分卡的战略部分，而这些指标本来应该出现在计分卡的员工部分。该公司这样做是有意义的。另外一家企业的愿景是要成为最好的网上银行站点。因此，这家组织的战略指标包括了品牌分析指标和原本经常放在计分卡其他部分的顾客指标。如果你的愿景是 5 年实现销售额翻番，那么销售额将成为计分卡战略分析部分的一个指标。

在企业中，成长性和盈利能力往往是重要的指标。相比之下，在非营利组织中，财务指标常常需要根据花出去的钱所带来的价值进行度量。计分卡的财务部分在大多数企业中都是相似的，但政府机关和非营利组织发现，有时很难提出一种有意义的财务指标来引导正确的员工行为。

对于所有类型的组织而言，财务指标面临的挑战来自于那些先行指标。所有的传统财务指标都是滞后指标，而一个好的平衡计分卡应该包括一两个先行指标。毛利率是一个滞后的因子。领先财务指标是你可以计量并与未来财务成功密切相关的事项。未来指标可以包括提案、提交的标书、订单、合同或与顾客签订的协议等。

计分卡的战略与财务部分应该有 2 ~3 个与愿景相关的战略指标和 3 ~4个财务指标，其中至少有 1 个度量未来的指标或先行指标。

本书第 4 章至第 8 章提供了大量案例和指导，以帮助组织利用一系列分析指标来建立其平衡计分卡。然而，即使有了最好的计分卡和最准确的指标，仍然不能保证有效提高公司绩效，除非管理者知道怎样去改善那些待度量的绩效因素。第 9 章讨论了如何改善组织的绩效——具体而言，就是如何实现从绩效度量向绩效管理的转变。

战略与财务分析指标要点

- □ 区分关注愿景的指标与强调组织使命的指标是非常重要的。
- □ 战略指标为管理层提供了其重要战略在实现公司愿意方面做得如何的数据。
- □ 战略指标会随着愿景和战略的改变而改变。
- □ 所有组织都需要在计分卡中引入财务指标。
- □ 财务指标往往会因行业、领域或组织领导者的偏好而变化。
- □ 传统财务指标都是滞后指标，而且财务指标的数量通常都太多了。
- □ 财务指标可能不是真正的分析指标，但像利润或毛利之类的综合数据可以用来深入分析多个成本或收入指标。
- □ 计分卡中应该包括可以帮助领导者知道组织未来运营情况的预测性财务指标。
- □ 预测性或领先财务指标不是预测，而是那些可以实际度量的事项——如订单、合约或提案等。

第9章 超越平衡计分卡：从绩效度量到绩效管理

绩效度量本身对于提高绩效来说起不到任何作用。仅仅度量绩效的某些方面不同于提高绩效。一个机构使用计分卡的目的是为决策者提供他们所需的数据，以便在需要的时候找出并解决问题以及提高绩效。计分卡的设计者所面临的挑战主要来自设计有意义的指标。大多数比较容易追踪的指标的数据令人怀疑，有时候比根本就没有数据更糟糕。另一个问题是，度量是一个很浪费时间和金钱的过程：我们越是想使指标更完善，越要频繁地收集和报告数据，自然花钱就越多。

许多机构已经逐渐认识到与过去甚至目前正在使用的度量模型相关的挑战，并努力寻找新的方式来界定和使用精确的度量方法以提高绩效。本章的目的是概括今后10年内机构使用的绩效指标可能会发生怎样的改变。因为这些改变源于过去，所以本章将首先简要回顾一下绩效度量的历史。

9.1 过去30年的计分卡

回顾20世纪80年代，你会发现很多政府机构根本就没有对它们的绩效进行度量。它们除了偶尔对定期学习或者活动进行度量（如写了多少份报告或者为多少客户提供了服务）外，没有进行真正的、持续的绩效度量。另一方面，企业则经常对财务或者经营方面的绩效指标进行度量。随着商业机构的成长和变化，这些企业的指标数量也增加了。这个趋势一直持续到 20 世纪 90 年代中期，主流的观念发生了改变，企业领导者开始意识到指标少一些会更好。高管们开始寻找能够告诉他们组织运行情况的少量关键指标，并慢慢摆脱了大量的数据和没完没了的电子表格。

大约在 2005 年，许多高级管理者开始对寻找不需要复杂的数据和深入的分析就能告诉他们企业运行情况的“神奇”指标不再抱有幻想。以后，管理者们又对战略地图（strategy map）失去了信心，因为这种地图常常不能够带来与重要结果挂钩的流程指标。这些管理者发现，很多战略地图不是建立在调研和数据收集的基础上，而是建立在流行的观点、逻辑和美好的愿望上。即使流程指标为绿色，但结果却仍会亮起红灯。最根本的问题可以归结为一个重要的事实：*战略地图通常是一大堆系统性的记录，而这些记录只不过是一些几乎从未经过验证的假想和臆测*。因为这些图表看上去太具有说服力了，所以没有人会质疑它们的有效性。

显然，大多数企业和非营利机构在过去的 30 年中发生了改变。在这一过程中，它们也改变了度量绩效的方法。图 9.1 总结了这些改变。

9.2 低效的中年计分卡

加州大学校长办公室的苏珊·斯特罗（Suzanne Stroh）观察到，一些计分卡正在走近中年。这个现象的一个推论是：一些机构的绩效度量系统没有随着年龄的增长而进行必要的改进。苏珊认为，一些度量系统

1980 年以前的第一阶段计分卡

- 财务和运营指标
- 生产率指标
- 指标越多越好
- 都是滞后指标

1980～1995 年的第二阶段计分卡

- 财务和运营指标
- 顾客满意度指标
- 质量指标
- 流程指标
- 比第一阶段的指标更多

1996～2005 年的第三阶段计分卡

- 平衡计分卡得到广泛应用
- 指标少一些会更好
- 顾客指标
- 财务指标
- 内部指标
- 创新、学习和成长指标
- 所有指标都是具体指标
- 战略地图被用于开发与目标和结果相关的指标

图 9.1　30 年来绩效度量方法的变革

正在滑向低效的中年时期，并不断走向“垂死的边缘”。她将低效的中年计分卡的特性定义如下：

- 前后不一致的管理支持或对非财务指标失去兴趣。
- 在度量什么、何时度量和怎样度量的问题上，领导之间存在严重分歧。
- 对数据的真实性缺乏信任。

- 生搬硬套教科书上的计分卡结构。
- 与管理措施相关的短时间流行的指标。
- 看似太困难或者太简单的目标。
- 多年来一成不变的指标。
- 让重要指标看起来好一些的造假行为。
- 没有使用计分卡软件或报告工具。

像苏珊一样，我也在企业和政府机构中发现了许多低效的中年计分卡，其中一些需要经过大的改造才能继续存在。有缺陷的指标应该被取消，过时的指标应该被经过改进的、能够更好地评估绩效的指标取代。构思出计分卡是一项相当困难的任务，很多机构只想应付差事，以便能够从事一些更有意思的项目。但是，计分卡不应被放弃。相反，它需要像机构的所有系统一样不断进化，持续改善，走向成熟。出于同样的原因，一个机构如果一直在努力实施优秀的绩效管理系统，它就不会滑入低效的中年阶段。经过持续的评估和改进，机构和计分卡都能够不断成熟。

第四阶段计分卡：精益与均衡。在第三阶段，计分卡更加平衡，包含了 12～16 个指标，但每一指标都是具体的统计数据，可以用来评估组织绩效的复杂维度。流程或先行指标是从战略地图或头脑风暴中获得的，但没有实际的证据支持各类指标与结果之间的联系。

使用第四阶段计分卡的组织具有图 9.2 所示的特征。在设计自己的计分卡时，你可以将此作为指南。正如你看到的，第四阶段计分卡是持续度量组织绩效的一整套复杂的数据或图表。

- ☐ 大部分指标都是由几级次级指标组成的分析指标。
- ☐ 指标对过去、现在和未来的度量更加平衡。
- ☐ 随着组织不断掌握更好的绩效度量方法，度量指标也在不断改进和变化。
- ☐ 当不再有用的时候，旧指标就被从计分卡中剔除，并由更好的新指标取而代之。
- ☐ 大部分经理和员工至少每周查看一次计分卡，更多的人则是每天对计分卡进行评估。
- ☐ 人们利用计分卡软件在个人电脑上或会议上展示实时数据。
- ☐ 评估绩效的会议比以前更短，大部分会议时间被用于讨论那些低于目标要求的指标。
- ☐ 高层管理者在评估非财务指标上花费的时间同评估财务指标花费的时间一样长。
- ☐ 各个层次的员工都有针对自己工作的计分卡，且不同层次的计分卡是均衡的。
- ☐ 先行指标或流程指标与利用研究与实验得到的结果指标相关。
- ☐ 人们根据彻底的调研设置了红色、黄色和绿色目标。
- ☐ 当收集到一些额外数据时，目标会根据需要进行调整。
- ☐ 在员工满意度指标、顾客满意度指标以及成长性和利润等结果指标之间建立了关联。
- ☐ 战略指标被引入计分卡中，用于提供反映组织为实现愿景所做努力的数据。
- ☐ 采取相互制衡的方法以确保数据的真实性。
- ☐ 绩效数据被当成一种分析工具，以分析问题的原因，而不是责怪那些造成问题的人。
- ☐ 经理们学会了对每一个绩效指标提出四个问题：
  1. 我们在实现目标方面做得如何？（水平）
  2. 在过去数月或数年我们做得怎么样？（趋势）
  3. 是哪些因此造成了我们现在的绩效水平？（分析）
  4. 我们在改善或维持绩效方面正在开展哪些工作？（行动）

图 9.2　第四阶段计分卡的特征

9.3 红色不等于死亡

在实施绩效管理系统时，许多组织面临的一个挑战是人们担心看到自己负责的区域中出现红色警告信号。红色意味着你做错了什么，如果你的某个指标亮起红灯，那么你将成为令人畏惧的高级经理月度会议的焦点。没有人希望亮起红灯，因此我们经常看到有人想要掩盖事实或对数据进行处理以使绩效处于绿色区域。例如，在房地产公司，代理机构可能只会对那些满意的顾客进行客户交易调查。这种选择性的调查可以确保顾客满意度调查报告永远呈现绿色绩效水平。

如果人们害怕出现红色标志，通常还会引发的另一件事情：在设定目标时，人们倾向于将目标设定在很容易实现的水平上。这是人类的本性，但是在那些喜欢惩罚人的企业中，这种做法更加流行和普遍。如果一家公司习惯于打击绩效较差的人，那么在计分卡上就会很快反映出来。当计分卡上指标的表现较差时，绩效评估会议也会很糟糕。大部分的会议时间将被耗费在辩护、争论和质疑数据的真实性上。一家斥资10万美元进行员工满意度调查的军工企业最近就遇到了这样的问题。开始时，8000名员工中只有16%的员工填写了调查表（这是最重要的数据）。在填写表格的人当中，大部分人都反映他们不满意或者不能“真正参与”到工作中。这家组织不但没有设法找出士气低落的原因以及如何提高士气，反而打击那些建议多花钱进行外部调研的员工，该组织认为这些数据不能反映实际情况（员工几乎都没有离职），责备最初提出对士气进行调查的想法。换句话说，整个会议只是在进行消极的责备和辩护，而不是积极地解决问题。

另一些组织则对计分卡上的红色区域有更好的应对措施。鲍勃·帕拉迪诺（Bob Palladino）以前供职于 Crown Castle 公司（蜂窝电话天线的制造商），他发现公司必须提出一个口号——“红色不等于死亡”——来时刻提醒人们绩效评估的真谛是什么。一旦公司文化开始强调进入红色区域并不必然意味着一些人做错了什么或没有做好本职工作，那么绩效就会得到提高。Crown Castle 公司在 2004 年被 APQC 选为“拥有最佳计分卡”的美国公司也就是理所当然的了。帕拉迪诺解释说，“红色不等于死亡”这句话带来的一大好处是公司评估会议的性质发生了显著的变化。会议室不再是审判那些指标未达到要求者的地方，而是变成了诊断或解决绩效问题的场所。这才是第四阶段计分卡所应具有的特征。

记住下面这一点很重要：处于红色区域的绩效或者下降的趋势可能是由一系列组织外部因素引起的。对于那些进行绩效评估的人来说，同样重要的是要认识到是哪些因素导致绩效处于红色水平，需要采取哪些措施。这就是计分卡上的分析部分非常重要的原因。在分析部分，指标的责任人需要解释为什么绩效不达标或者不断下降。可能的话，这些解释都必须包含证据或相关数据。负责该指标的人也要负责制定行动计划，说明如何提高绩效。即使原因是组织不可控的因素，通常也可以采取一些措施来提高绩效或扭转下降的趋势。

因此，红色并不必然意味着死亡。它只意味着你需要找出指标亮起红灯的原因，并制定一个计划来解决出现的问题。如果你找不出原因并且没有制定适当的行动计划，那你就只有死路一条了。

> 只有当你找不出原因并且不采取措施时，红色才意味着死亡。

9.4 平衡计分卡的局限性

有些人认为，只要拥有强大的平衡计分卡，企业就可以迈向卓越，很可惜，他们被误导了。计分卡只能提供数据。观察一张反映部门绩效的计分卡与站在体重计上看一看体重没什么区别：二者都会为你提供数据。仅仅通过观察体重计的读数并不能让你变瘦，同样，仅仅观察组织的绩效如何并不能改进绩效。为了提高绩效，必须采取行动或者改变当前的做法。《绩效管理》（*Performance Management—Changing Behavior That Drives Organization Effectiveness*，2004）一书的作者——咨询师奥布里·丹尼尔斯（Aubrey Daniels）和他的儿子詹姆斯（James）曾经说过："企业中的许多人认为，对一个问题进行度量就相当于解决一个问题。如果仅仅通过度量就可以改变行为的话，那么世界上就不会有胖子，就不会有人吸烟，每个人都会积极锻炼，因为所有这些行为和相关结果都很容易被度量。"

看到自己的体重增加了 5 磅可能会让你改变自己的行为，也可能不会。但看到体重增加了 20 磅时，你就更有可能采取一些措施。换句话说，绩效指标越趋近红色区域，你就越有可能采取一些措施。然而，事情并非总是如此。你可能每周称一次体重，而如果体重一直维持在 75 磅左右，那么你就会诅咒基因不好而不再采取措施减肥了。

评估绩效数据也会让你采取类似的行动，或不采取任何行动。通常，对于红色指标的反应是否认数据的真实性，或者归咎于无法控制的因素，就像胖子们把体重问题归咎于基因不好一样。而另一些时候，对于红色指标的反应是采取一些行动使它变成绿色。确定行动正确的关键是：在决定采取行动之前进行分析。例如，有些胖子在没有咨询医生前，不愿意开始节食或者进行锻炼。医生可能会发现他的甲状腺有病，开出一些药，并把它们与真正有效的节食和锻炼结合在一起。最近，一家企业发现自己的员工满意度指标（通过年度调查进行度量）变成了红色。公司成立了专门的团队并采取了多种措施以提高士气，包括表彰和奖励项目、员工简报和更多的团队建设活动等。下一年的员工士气并没有提高。通过对焦点小组进行访谈，这家企业了解到，员工们关心的并不是这些问题。他们真正关心的是两件事情：（1）与公司管理层就公司的经营情况进行更频繁和更彻底的交流；（2）当他们付出额外的努力或者完成了一些重要事项后，能够得到老板的一声"谢谢"。我们得到的教训是：在盲目采取一些未必能解决问题的行动之前，对指标呈红色的原因进行分析是非常重要的。

9.5 将计分卡与知识管理连接起来

为了使平衡计分卡变成一种改进绩效的有用工具，许多公司正在努力做的一件事就是将计分卡和知识管理数据库连接起来。计分卡软件的主要提供商 Performancesoft 公司目前正在研发一些可以将两个系统连接起来的新软件。现在，计分卡可以找出绩效较差的领域，并使你能够分析出准确的位置或问题的来源，但它不能确定根本原因或者找出能够提高绩效的措施。这就是要与知识数据库连接起来的原因。点击一下特定分析指标的链接，你就可以看到一系列选项菜单，这些菜单为你提供了造成绩效问题的可能原因和可行的解决方案。下面的例子说明了在现实中这一过程是如何进行的。

假设你是一位工厂经理，你注意到员工满意度出现了大幅下滑。通过对数据进行深入分析，你发现工程部门的问题最多。知识管理数据库为你提供了关于工程师和技术专家不满意的典型原因。知识管理数据库包含了对问题的一系列分析，从而使你能够进一步诊断问题的根源，然后找出提高工程师士气的一揽子方案。

知识管理和计分卡的连接使得这一系统成为在管理绩效和提高绩效中更加有用的工具。然而，将计分卡和知识管理数据库连接起来也无法保证取得卓越的绩效。它是你朝正确方向迈出的一步，但也只在提高绩效过程中必须采取的众多步骤之一。

9.6 绩效管理与绩效评估

计分卡不过是为人们提供绩效反馈的一种机制。就像本书第 5 章提到的那样，计分卡可能还提供了与影响绩效的外部因素相关的信息。然而，不论你的计分卡多么全面，它提供的只是一些信息。即使与知识管理数据库进行连接也只是为观察者提供更多信息的一种方式。在 Google 上搜索“绩效管理”（performance management），你将会看到许多链接，这些链接会将你带入提供绩效评估的企业网站。仅这一点就应该能让你明白，绩效管理系统不只是为员工提供反馈信息的一种机制：它首先是一种需要跟踪的机制。

绩效管理和绩效评估是完全不同的！

大多数绩效评估系统可以提供绩效反馈，其中有一些在这方面做得很好。问题在于，这些系统中只有极少数能够提高绩效，而这恰恰是计分卡的优势。造成这一问题的潜在原因之一是数据收集的频率，另一个原因是数据的真实性。许多评估系统每年只收集一两次绩效度量数据。更糟糕的是，数据的收集经常是建立在对绩效的主观判断基础上。相反，计分卡则是每天、每周、每月提供定量和定性的绩效指标反馈。事实上，一些机构已经发现，计分卡可以取代单独的评价系统。企业可以根据计分卡的结果生成单独的发展规划，而不需要对员工在某一年度的表现进行单独的评估。

然而，计分卡也只不过是所有绩效数据的集合。为了把这些信息转变成绩效，你还需要有一个良好的绩效管理系统，这一系统应该由一系列环境要素和人力资源系统构成。

9.7 绩效管理系统的要素

图 9.3 描述了一个绩效管理系统的各个组成部分［关于这一模型的额外信息，请参考托马斯·吉尔伯特（Thomas F. Gilbert）所著的《人的竞争力》（*Human Competence—Engineering Worthy Performance*）一书］。需要说明的是，该系统两大主要组成部分是人和环境。

环境因素		
信息	资源	结果
工作描述	预算金额	提拔
标准/规则	人员	更大的权威
程序	工具/设备	更多的自主权
目标/预期	信息技术	奖金
反馈/计分卡	设备	加薪
参考/知识	供应商	表彰
培训	工作量	解雇/惩罚
人的因素		
能力	知识与技能	动机与价值
智力	技术/工作	个人目标
体力	沟通	价值/道德
天分	分析	动机
抗压力	工具/设备	激情/兴趣
健康	管理	生理阶段
成熟	经验	奖励/惩罚

表 9.3　绩效管理系统的组成部分

9.7.1　环境因素

大部分绩效问题不是由人引起的，而是由环境引起的。实际上，大约70%～80%的绩效问题是由环境引起的。为此，图9.3中列出的所有环境因素在实现卓越绩效的过程中都需要考虑。预期或责任不明确会导致问题的发生，就像不能及时对有缺陷的指标（计分卡）做出反馈会导致问题一样。许多组织仅通过下列方式就使绩效取得了大幅提高：它们为各个层级的员工开发计分卡，这样员工们就可以每天或每周对其工作情况做出反馈。如果计分卡设计合理，像这样的定期反馈还能有效提高员工的满意度。员工们喜欢得到对自身工作状况的定期反馈。他们不喜欢每年对他们一年的工作情况进行一次主观评判。

拥有一整套良好的指令或规则对于新任务或者一些不常发生的任务也是十分有用的。

绩效问题也可能是由缺乏适当的资源造成的。如果你为平庸的人提供一些精良的工具和设备，他们常常也能够顺利地完成工作。例如，许多政府机构受到过时的信息技术和不断收缩的预算的限制。如果有了适当的资源，其绩效将达到一个更高的水平。

绩效管理系统中最重要和最容易被忽视的一个因素是结果。如果你想要员工提高绩效，那就必须为好的绩效准备“好的结果”，这些结果必须是针对个人的、及时的、有力的和确定的。如果你完成了销售目标，那么团队将得到茂伊岛五日游的奖励，费用完全由公司承担。这样做传递出的信息表明你注意到了好的绩效，你非常守信用，而且愿意奖励优秀的绩效，不仅仅是嘴上说说而已。这种激励能够并且确实鼓舞了大多数人。

不幸的是，在许多组织中，结果常常将绩效推向反面。明星员工只是得到了更多的工作或更有挑战性的任务，而平庸的员工十分懒散却能得到与明星员工同样的工资。就算提出年底有 1000 美元的利润分享奖金也不会提高绩效。这个结果没有足够的吸引力，不够明确，不够及时，而且通常不与个人的工作绩效直接挂钩。另外，好的结果不一定是金钱或有形的东西。实际上，老板对成功完成工作的人说一声“谢谢”就够了（当然，领导者在这样做时应该是针对个人的、及时的、明确的——也就是说，它应该成为组织文化的一部分）。

消极的结果（如可能被解雇等）不一定能够令低绩效员工提高绩效，因为法律或其他方面的限制使得很多组织难以解雇员工。

图 9.3 中环境因素部分所列示的任何一个变量都可能引发绩效问题。如果不能提供适当的工具或完成工作所需的其他资源，则执行平衡计分卡和知识管理将难以带来好的绩效。除非人们能够得到好的结果，否则绘制流程模型和编制各种规程也不能提高绩效。毕竟，绩效管理系统只是一个系统，而系统都需要输入、数据处理和输出。如果你想获得企业成长、利润和顾客忠诚度之类的结果，那就必须对所有这些因素进

行适当的安排、调整。

9.7.2 员工因素

今天，大多数公司中，能否取得良好绩效的至关重要的因素是员工。所有的军工和政府组织、医疗和教育机构以及大多数企业都要依赖自己的员工来获得优良绩效。作者吉姆·柯林斯（Jim Collins）认为，让“正确的人上车”是创建高绩效企业过程中最重要的因素。当然，如果你把优秀的人才安排到不适当的岗位上，那么他们也很难真正发挥其作用，所以你永远都不能低估改造工作环境对提高绩效的重要性。实际上，杰出的经理都知道，雇用优秀的员工比改进工作环境以获取卓越绩效要容易得多。

参与某一工作或任务的所有人都需要拥有恰当的能力、动机和价值观以及知识与技能。

能力。能力是指智力、体力、忍耐力/抗压力、健康和天赋，如移情作用（empathy）、沟通能力和其他遗传因素。能力既可以是天生的，也可以是从小学习培养得到的。这些都是雇主们在聘用员工时非常关注的因素。选择那些不具备完成工作的必要条件的人一定会带来失败或者不好的绩效。例如，我的父亲在空军供职的时候非常希望成为飞行员。他通过了几乎所有的测试，但唯有一项通不过，那就是视力测试。无论进行多少训练或反馈都不能让我的父亲如愿成为优秀的飞行员，因为它缺乏做好这项工作的必备能力。

动机和价值观。与能力一样，动机和价值观也不是通过教育得来的。没有两个人是完全不一样的；能够激励我们的东西各不相同。对一个人的惩罚也许对另一个人而言就是奖励。个人的目标和愿望也是独特的，而且很难改变，因此雇主们努力尝试将工作或职位与员工的个人目标结合起来。许多人喜欢具有挑战性的工作，另一些人则希望从事简单的工作；一些人喜欢钱，另一些人则不是；一些人喜欢权力，另一些人则不喜欢。根本的原因就在于我们想从工作中得到的东西是不同的，这使得将正确的工作分配给正确的人员成为了许多组织面临的一项挑战。

找到一种谋生的方式和从事我们感兴趣的工作对大部分人而言是很难的。我们经常要从事一些支付工资的工作。大部分音乐家和艺术家对自己的工作充满激情，但一位伟大的艺术家或音乐家可能买不起一辆新车，更不要说房子了，而平庸的商人或政府雇员通常都拥有住房和相当新的汽车，甚至每年还可以休假两次等。结果，我们中的许多人忘记了去从事那些让我们充满激情的工作，而是去从事那些让人麻木但给我们带来安全感或不错的收入的工作。把人们安排在那些让他们充满激情的工作岗位上是获得良好绩效的极为重要的驱动因素：所有人都会为他们喜欢的工作付出更多的努力。

知识和技能。雇用那些仅仅有正确价值观和动机的聪明人是不够的——他们还必须有完成工作所需的知识和技能。所有员工都有完成其工作所需的基本知识和能力，但他们所拥有的知识和技能的水平差异巨大。例如，成千上万的人都具备成为优秀高尔夫球手的知识和技能，但只有极少数人（如果有的话）能达到泰格·伍兹（Tiger Woods）的水平。

找到那些知识和技能水平高超的员工对于实现卓越绩效来说至关重要。就像许多高科技公司今天看到的那样，有时候很难找到这样的员工。通常最优秀的人希望为微软、惠普或者其他知名公司工作。今天，这些产业巨人之间的人才争夺战因 Google 和其他公司的加入而日益激烈。有很多人离开了原来的公司，来到这些新企业中，原因常常是较老的企业变得行动迟缓、官僚主义盛行，他们无法适当这样的环境。

企业通常都缺乏经验丰富的知识工人，一些组织试图通过某种知识管理数据库来弥补人们的技能和经验的不足。这只是一个骗局，因为任何数据库都不能取代明星员工的地位，他们的技能是在多年的工作中磨炼出来的。获利正确的知识也许有助于那些能力不足的员工完成任务，但他们永远也不可能达到顶尖专家的水平（我可以通过看一些家居装修方面的书籍学会换水龙头或者安装石膏板，但永远也不能像有着 20 年经验的装修专家做得那样好、那样快）。

改善绩效管理系统的行动计划

本书的大部分内容都在讨论一些可以帮助你改进组织绩效度量的工具和战略。更全面的、收集数据更频繁的指标往往能够更快地找到并解决问题——帮助你提高较低的或不断下降的绩效。然而，你必须记住，拥有好的计分卡只是绩效管理系统的一个要素。下面是你应该考虑采取的其他行动：

- □ 清楚地界定所有员工的责任和预期。
- □ 记录流程，让所有人都能很容易地查看这些文件。
- □ 对具体指标设定目标，目标的设定要依据数据而不是猜测。
- □ 为所有员工（上至老板，下至工人）设计计分卡。
- □ 购买可运行分析指标的计分卡软件，并使所有员工都能够在他们的桌边或工作区域中使用这一软件。
- □ 把计分卡当成绩效评估过程，并每年制定一次发展规划。
- □ 确保目标、指标、战略和改善项目协调一致。
- □ 研究流程和产出/结果之间的关系——不要依赖战略地图或逻辑推理。
- □ 研究计分卡上不同指标之间的内在联系。
- □ 不断修订并改进绩效指标、目标和战略。
- □ 在知识管理数据库中记录最佳实践和重要知识，供员工和合作者使用。
- □ 提供交互技能培训，向员工传授重要的知识和技能。
- □ 购买你能买得起的最好的工具和设备。
- □ 确保团队得到了足够的预算和做好工作所需的其他资源。
- □ 确保你的信息技术设备是你能够买得起且能够满足用户需求的最好的设备。
- □ 把奖金和提拔与计分卡联系起来。
- □ 开发创新的方法去强化并奖励优秀的绩效。
- □ 在你能够承受的情况下，雇用最聪明和最有经验的员工。
- □ 持续投资于员工的培训，使他们的知识和技能不断提高。
- □ 根据潜在新员工的动机和价值观对他们进行选拔，而不是试图改变他们。
- □ 让人们干自己喜欢的工作以及他们最有可能完成的工作。

临别赠言

开发一份能够告诉你企业运行情况的有意义的计分卡是非常困难的。APQC 计分卡标杆研究的重要结论之一就是：即使是最优秀的企业也在为实施能够反映企业总体健康程度的计分卡而努力。

当前向更加简单的单一指标转化的趋势正是我们所需要的。但即便如此，我们还是要提出一些警告。将复杂的绩效维度（如顾客满意度）简化成问卷上的一个单一问题是非常愚蠢和危险的。最好的计分卡既不会过于复杂，也不会过于简单。它们包含一些有意义的、全面的指标，能够反映出企业真实的运行情况。许多领先的组织正在将分析型指标引入其平衡计分卡中。通过评估分析型指标而不是对单个具体指标进行评估，经理们和领导者能够更全面地了解企业主要方面的绩效。分析型指标提供的数据比任何单一指标本身提供的数据更有效，借助计分卡软件，我们更容易对细节问题进行分析。只有通过使用最新的计分卡软件，我们才能拥有一种包含分析型指标的计分卡，同时使所有层级的员工都能够很容易地使用和理解。通过引入少量分析型指标来替代单一指标，你就可以开始优化你的计分卡。然后每年对指标进行修订和改进，直到执行层面的指标都是分析型指标为止。

随着组织的发展及其领导者的成长，企业使用的计分卡也必须不断进化。经营一家企业永远都不会像工程科学那样精密，但我们可以找到一种更科学的方法来度量和管理企业的绩效。10 年之后，我们会对今天的企业利用如此原始的平衡计分卡指标来评估绩效并制定重要的决策感到非常惊讶。

附　　录

附录中的例子是来自不同类型组织的分析型计分卡，组织的类型包括医疗保健、水力资源、城市政府、公司、财务部门和教育机构。每一个例子都包含了总体计分卡和计分卡某一具体部分的详细内容。这些例子并非来自特定的公司，而是对不同组织的计分卡进行了融合。这些例子是通过平衡计分卡软件领域的市场领导者 Performancesoft 公司开发的 PBViews 软件来展示的。

医疗保健企业总体绩效评估

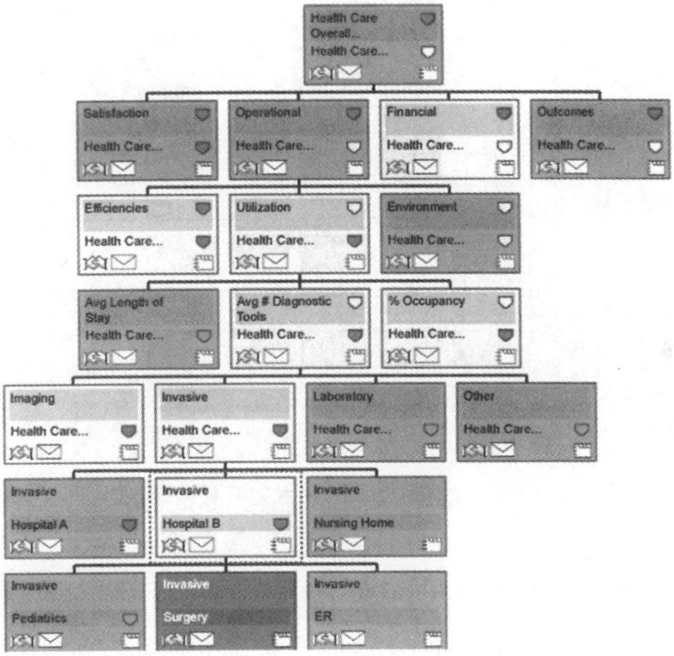

医疗保健企业财务绩效评估

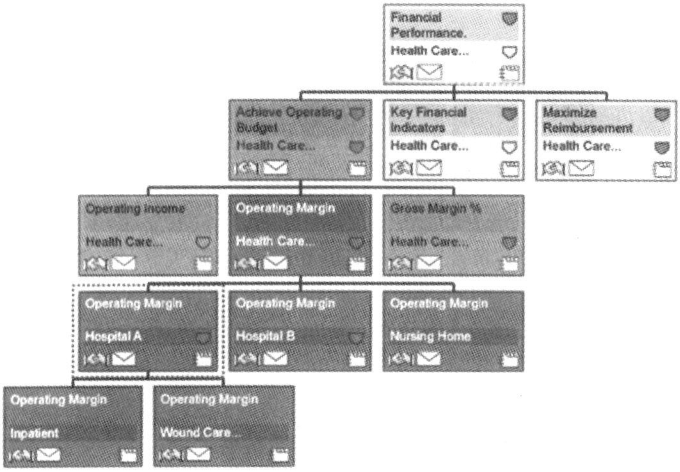

医疗机构评审联合委员会（JCAHO）绩效评估

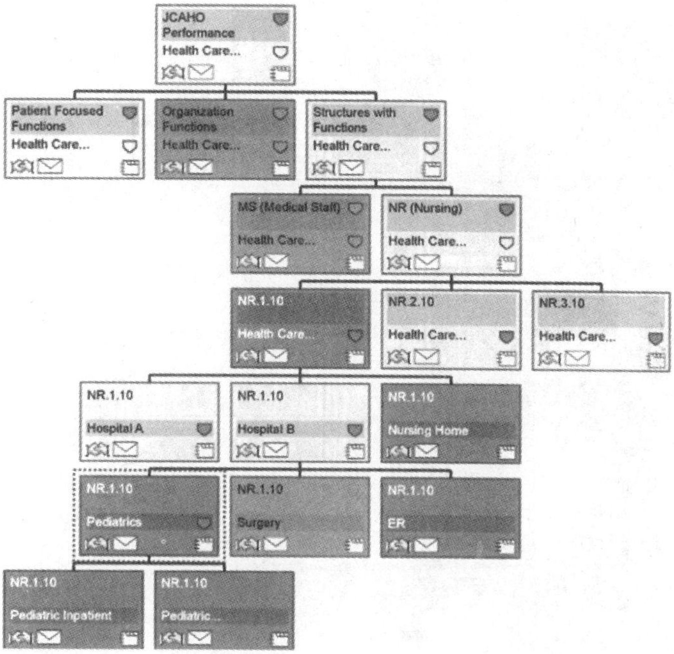

公共用水/废水处理企业总体绩效评估

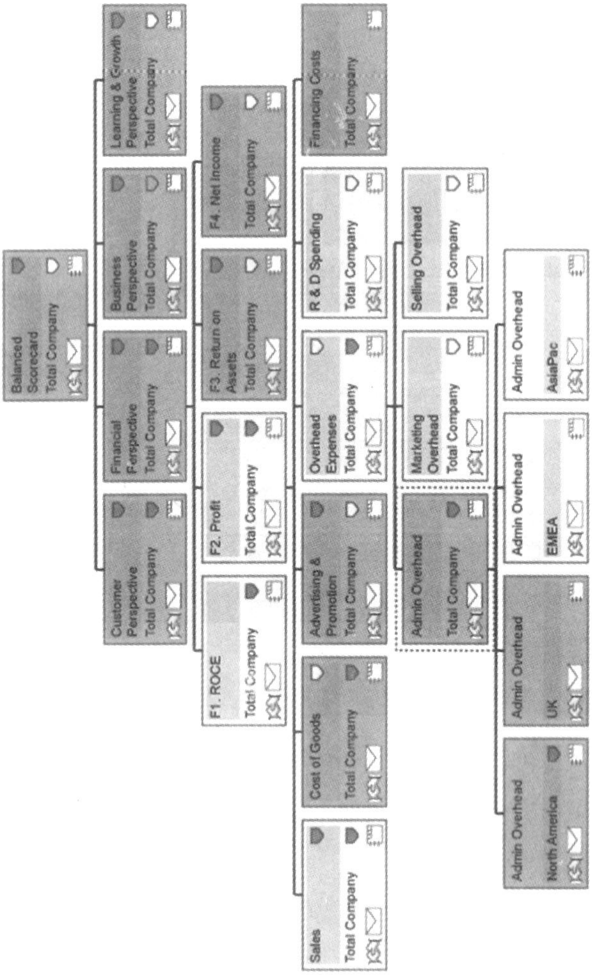

公共用水/废水处理企业信息技术绩效评估

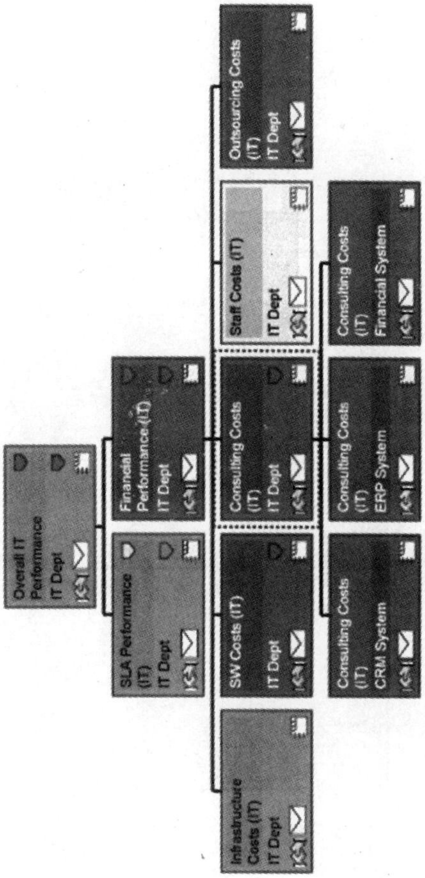

城市政府总体绩效评估

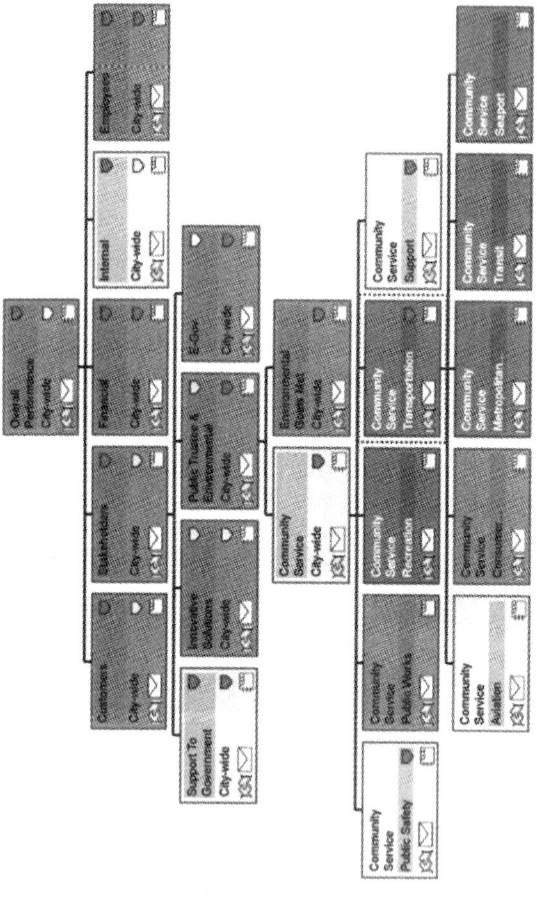
Overall Performance City-wide
Employees City-wide
Internal City-wide
Financial City-wide
Stakeholders City-wide
Customers City-wide
E-Gov City-wide
Public Trustee & Environmental City-wide
Innovative Solutions City-wide
Support To Government City-wide
Environmental Goals Met City-wide
Community Service City-wide
Community Service Support
Community Service Transportation
Community Service Recreation
Community Service Public Works
Community Service Public Safety
Community Service Seaport
Community Service Transit
Community Service Metropolitan...
Community Service Consumer...
Community Service Aviation

城市政府财务绩效评估

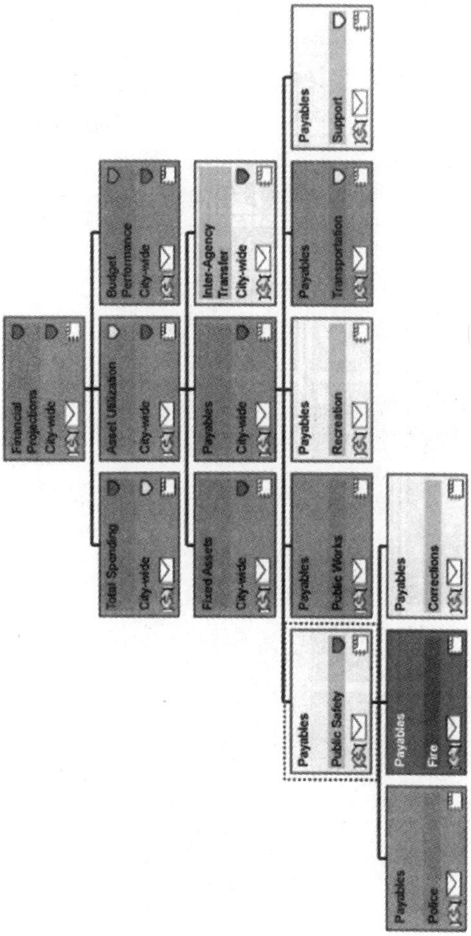
Financial Projections City-wide
Total Spending City-wide
Asset Utilization City-wide
Budget Performance City-wide
Fixed Assets City-wide
Payables City-wide
Inter-Agency Transfer City-wide
Payables Public Safety
Payables Public Works
Payables Recreation
Payables Transportation
Payables Support
Payables Police
Payables Fire
Payables Corrections

公司总体绩效评估

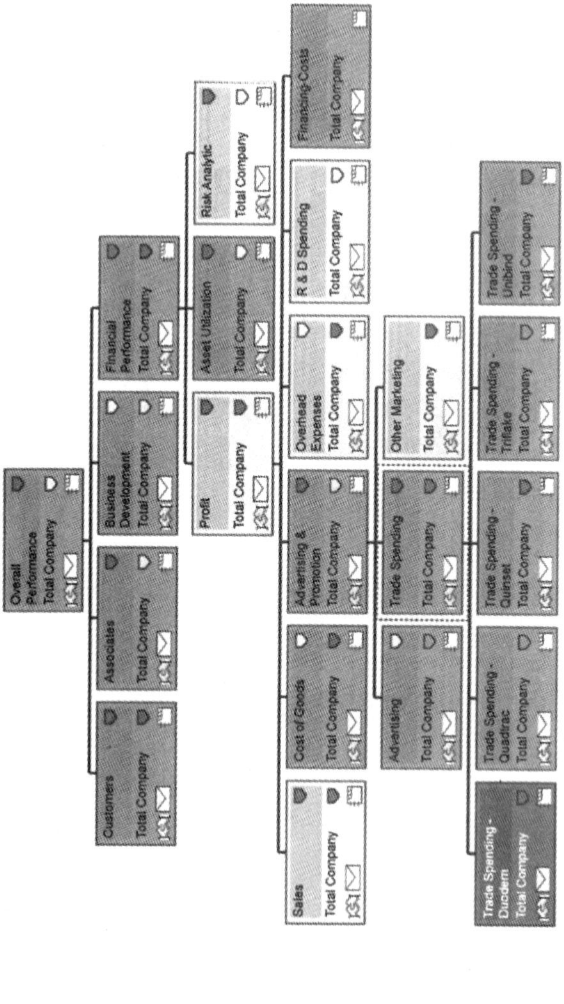
Overall Performance
Total Company
Customers
Total Company
Associates
Total Company
Business Development
Total Company
Financial Performance
Total Company
Profit
Total Company
Asset Utilization
Total Company
Risk Analytic
Total Company
Sales
Total Company
Cost of Goods
Total Company
Advertising & Promotion
Total Company
Overhead Expenses
Total Company
R & D Spending
Total Company
Financing Costs
Total Company
Advertising
Total Company
Trade Spending
Total Company
Other Marketing
Total Company
Trade Spending - Duodem
Total Company
Trade Spending - Quadtrac
Total Company
Trade Spending - Quinset
Total Company
Trade Spending - Trifake
Total Company
Trade Spending - Unibind
Total Company

公司平衡计分卡评估

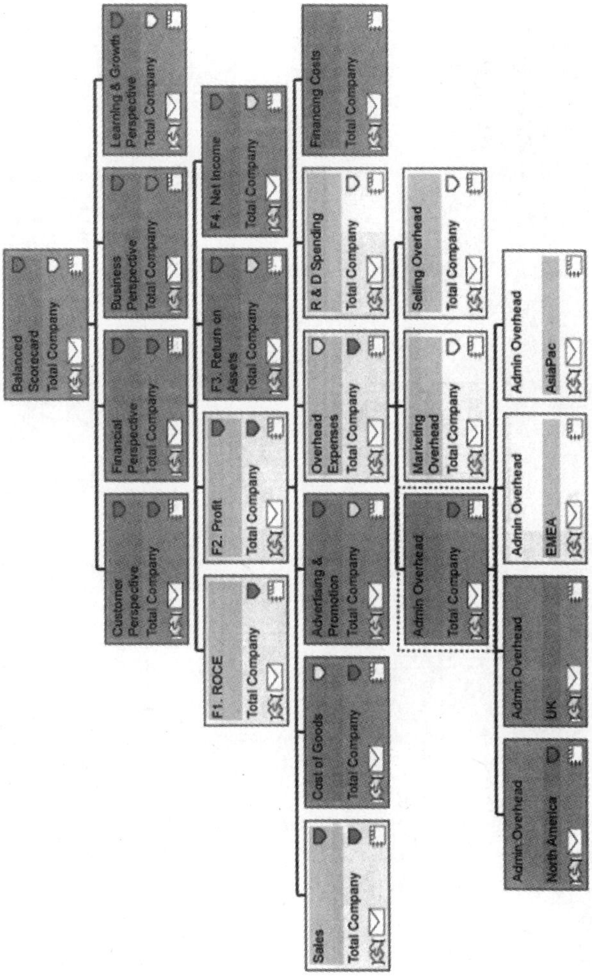
Balanced Scorecard
Total Company
Customer Perspective
Total Company
Financial Perspective
Total Company
Business Perspective
Total Company
Learning & Growth Perspective
Total Company
F1. ROCE
Total Company
F2. Profit
Total Company
F3. Return on Assets
Total Company
F4. Net Income
Total Company
Sales
Total Company
Cost of Goods
Total Company
Advertising & Promotion
Total Company
Overhead Expenses
Total Company
R & D Spending
Total Company
Financing Costs
Total Company
Admin Overhead
Total Company
Marketing Overhead
Total Company
Selling Overhead
Total Company
Admin Overhead
North America
Admin Overhead
UK
Admin Overhead
EMEA
Admin Overhead
AsiaPac

公司财务绩效评估

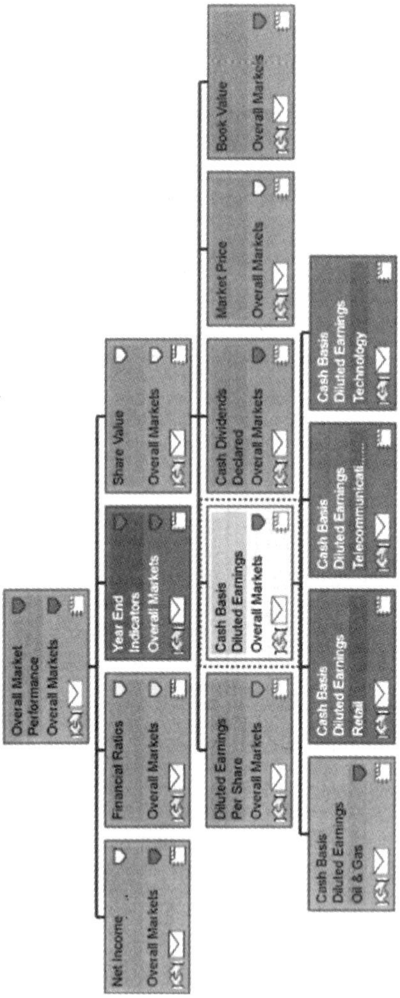
Overall Market Performance
Overall Markets
Net Income
Overall Markets
Financial Ratios
Overall Markets
Year End Indicators
Overall Markets
Share Value
Overall Markets
Diluted Earnings Per Share
Overall Markets
Cash Basis Diluted Earnings
Overall Markets
Cash Dividends Declared
Overall Markets
Market Price
Overall Markets
Book Value
Overall Markets
Cash Basis Diluted Earnings Oil & Gas
Cash Basis Diluted Earnings Retail
Cash Basis Diluted Earnings Telecommunicati...
Cash Basis Diluted Earnings Technology

银行企业总体绩效评估

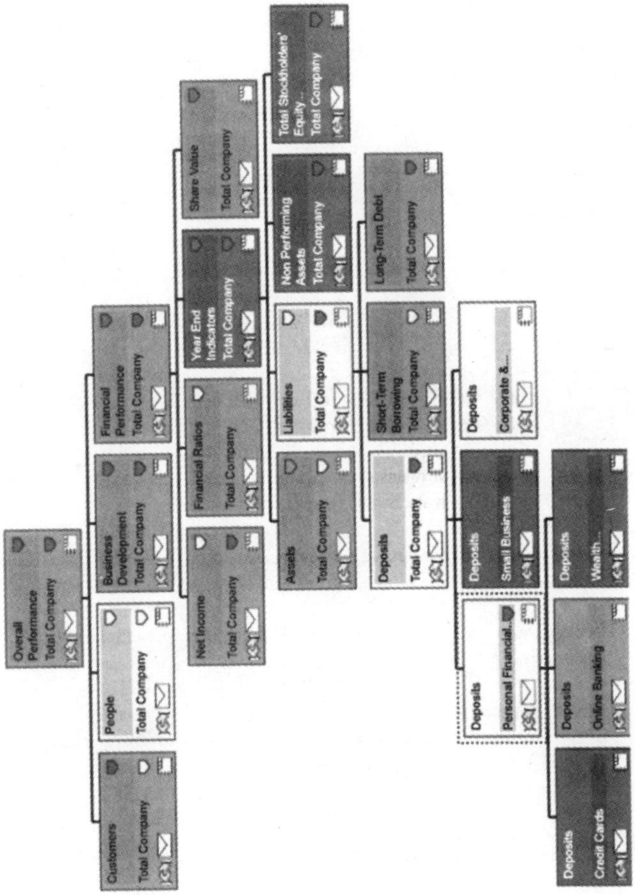
Overall Performance
Total Company
Customers
Total Company
People
Total Company
Business Development
Total Company
Financial Performance
Total Company
Net Income
Total Company
Financial Ratios
Total Company
Year End Indicators
Total Company
Share Value
Total Company
Assets
Total Company
Liabilities
Total Company
Non Performing Assets
Total Company
Total Stockholders' Equity...
Total Company
Deposits
Total Company
Short-Term Borrowing
Total Company
Long-Term Debt
Total Company
Deposits
Personal Financial...
Deposits
Small Business
Deposits
Corporate &...
Deposits
Credit Cards
Deposits
Online Banking
Deposits
Wealth...

书系代码	书　　名	作　者	定 价
经营管理			
BM001	《并购成长》(Digital Deals)	Geis	29.80
BM002	《绩效！绩效！》(企业培训版) (Coaching for Improved Performance)	Fournie	39.80
BM003	《质量无泪》(Quality Without Tears)	Crosby	39.80
BM004	《海阔天空——我在 DELL 的岁月》	方国健	20.00
BM005	《心时代——一个情感化的世界及其经济图景》	曹世潮	20.00
BM006	《情境领导者》(The Situational Leader)	保罗·赫塞	18.00
BM007	《EMBA 销售管理》(Sales Management)	Calvin	45.00
BM008	《EMBA 财务管理》 (Finance and Accounting for Non-financing Managers)	Weston	49.80
BM009	《EMBA 兼并与收购》(Mergers and Acquisitions)	Weston	38.00
BM010	《EMBA 公司战略》(Corporate Strategy)	Colley	39.80
BM011	《EMBA 创业管理》(Entrepreneurial Management)	Calvin	49.80
BM012	《EMBA 领导艺术》(Managerial Leadership)	Topping	35.00
BM013	《EMBA 战略营销管理》 (Strategic Marketing Management)	Parry	42.00
BM014	《EMBA 公司治理》(Corporate Governance)	Colley 等	49.80
BM015	《六西格玛是什么》(What is Six Sigma)	Pande	15.00
BM016	《六西格玛基础教材》(The Six Sigma Basic Training Kit)	Juran	80.00
BM017	《六西格玛团队实战手册》 (The Six Sigma Way Team Fieldbook)	Pande, Neuman, Cavanagh	49.80
BM018	《六西格玛团队怎么做》(Six Sigma Team Pocket Guide)	Federico	16.00
BM019	《杰克·韦尔奇领导艺术词典》 (Jack Welch Lexicon of Leadership)	Krames	32.00
BM020	《杰克·韦尔奇的 29 个领导秘诀》 (29 Leadership Secrets from Jack Welch)	Slater	29.80
BM021	《通用电气"群策群力"》(GE Work – Out)	Ulrich 等	39.80
BM022	《顶峰》(Million Dollar Consulting)	Weiss	48.00
BM023	《战略计划实务》(Applied Strategic Planning)	Goodstein 等	48.00
BM024	《平衡计分卡实用指南》(Balanced Scorecard)	Paul Niven	49.80
BM025	《战略物流管理》(Strategic Logistic Management)	Stock	80.00
BM026	《整合——企业并购成功之道》(M&A Integration)	Schweiger	39.80
BM027	《战略领导》(The Art and Discipline of Strategic Leadership)	Freedman	32.00
BM028	《经理薪酬完全手册》 (The Complete Guide to Executive Compensation)	Bruce R. Ellig	65.00

书系代码	书　　名	作　者	定 价
BM029	《突破困境的领导艺术》(Leadership When the Heat's On)	Cox, Hoover	39. 80
BM030	《朱兰自传》(Architect of Quality)	Juran	50. 00
BM031	《卓越领导》(The Extraordinary Leader)	Zenger 等	39. 80
BM032	《精益六西格玛案例》(Learning into Six Sigma)	Wheat 等	18. 00
BM033	《领袖魅力》(Executive Charisma)	Benton	39. 80
BM034	《西南航空案例》(The Southwest Airlines Way)	Gittell	49. 80
BM035	《危机领导》(Leader Shock)	Hicks	29. 80
BM036	《应变》(Agile Business for Fragile Times)	麦卡锡　等	35. 00
BM037	《绩效导向的领导力》(Results-Based Leadership)	Ulrich　等	49. 80
BM038	《企业沟通的威力》(The Power of Corporate Communication)	Argenti　等	39. 80
BM039	《贯彻执行　现在就做》(Why Can't We Get Anything Done Around Here?)	李夫顿　等	20. 00
BM040	《高效能团队领导智慧》(Leadership Lessons of The Navy Seals)	坎农　等	39. 80
BM041	《竞争性销售》(Hope is not a Strategy)	佩吉	39. 80
BM042	《丰田汽车案例》(The Toyota Way)	莱克	49. 80
BM043	《风险管理》(Risk Management)	科罗赫　等	80. 00
BM044	《团队工作》(The Work of Teams)	卡岑巴赫	39. 80
BM045	《通用电气案例》(GE Work-out)	Ulrich　等	49. 80
BM046	《质量无泪》(修订版)	Crosby	39. 80
BM047	《绩效改进 19 讲》(201 Ways to Turn any Employee Into a Star Performer)	霍利	29. 80
BM048	《人性管理》(The Uncertain Art of Management)	奥斯曼	39. 80
BM049	《透明管理》(The Transparency Edge)	佩格诺	29. 80
BM050	《成本改进 181 法》(A Manager's Guide to Creative Cost Cutting)	大卫・杨	29. 80
BM051	《直觉》(The Art of What Works)	杜根	39. 80
BM052	《劣势者的优势》(The Underdog Advantage)	莫里	39. 80
BM053	《精益六西格玛服务》(Lean Six Sigma for Service)	乔治	55. 00
BM054	《活学活用博弈论》(Game Theory At Work)	米勒	39. 80
BM055	《巅峰绩效》(Peak Performance)	卡岑巴赫	39. 80
BM056	《丰田汽车:精益模式的实践》(The Toyota Way Fieldbook)	莱克 等	65. 00
BM057	《什么是公司治理》(What is Corporate Govermance)	科利 等	18. 00
BM058	《MBA 名校的 10 堂课》(What the Best MBAs Know)	纳瓦洛	49. 80
BM059	《现代企业管理教程》(Understanding Business)	尼科尔斯 等	50. 00
BM060	《领导艺术》(The Art of Leadership)	曼宁 等	50. 00
BM061	《产品生命周期管理》(Product Lifecycle Management)	格里夫斯	49. 80
BM062	《创新从头开始》(What customers want)	伍维克	29. 80
BM063	《创新引擎》(Fast Innovation)	George	39. 80

书系代码	书　　名	作　者	定 价
BM064	《苹果电脑案例》(The Apple Way)	Cruikshank	39. 80
BM065	《企业外包实务》(The Manager's Step-by-Step Guide to Outsourcing)	Dominguez	29. 80
BM066	《重塑创业精神》(Lead Like an Entrepreneur)	桑伯里	45. 00
BM067	《顾客导向》(The Outside-In Corporation)	邦德	39. 80
BM068	《定价与收益优化》(Pricing and Revenue Optimization)	菲利普斯	60. 00
BM069	《笑梁山》	陈实	35. 00
BM070	《价值流管理:面向全局供应链的精益方法》	多尔斯麦思卡罗	43. 00
BM071	《新企业所得税法与会计准则比较分析》	张炜	68. 00
BM072	《丰田产品开发体系》	摩根,莱克	60. 00
BM073	《联想:中国 IT 企业国际化品牌行销之道》	周锡冰	39. 80
BM074	《每秒千桶》(A Thousand Barrels a Second)	特扎基安	39. 80
BM075	《活学活用丰田生产方式》	田鹏	26. 00
BM076	《什么是精益》(Lean Production Simplified)	丹尼斯	35. 00
BM077	《纳税会计》	张炜	46. 00
BM078	《精益办公价值流》(The Complete Lean Enterprise)	凯特,劳克尔	35. 00
BM079	《超越平衡计分卡》(Beyond the Balanced Scorecard)	布朗	39. 80
BM080	《超越约束理论》(Beyond the Theory of Constraints)	莱文森	35. 00
BM081	《精益企业文化》(Creating a Lean Culture)	曼恩	39. 80
经济学			
E－001	《中国经济》(Chinese Economy)	蔡昉,林毅夫	39. 80
E－002	《宏观经济学》(Macroeconomics)	Dornbusch	60. 00
E－003	《经济学》(Economics)	McConnell, Brue	79. 00
E－004	《微观经济学》(Microeconomics and Behavior)	Frank	65. 00
E－005	《环境经济学》(Introduction to Environmental Economics)	Field 等	50. 00
E－006	《财富的诞生》(The Birth of Plenty)	Bernstein	49. 80
E－007	《ArcView GIS® 与 ArcGIS® 地理信息统计分析》(Statistical Analysis of Geographic Information with ArcView GIS® and ArcGIS®)	David Wong 等	58. 00
管理学			
MT001	《战略物流管理》(Strategic Logistic Management)	Stock	80. 00
MT002	《物流战略咨询》(Supply Chain Strategy)	Frazelle	49. 80
MT003	《组织人员配置》(Staffing Organization)	Heneman, Judge	
MT004	《战略管理》(Strategic Management)	Dess 等	40. 00
MT005	《数据模型与决策:运用电子表格建模与案例研究》(第1版)(Introduction to Management Science)	Hillier 等	75. 00
MT006	《数据模型与决策:运用电子表格建模与案例研究》(第2版)(Introduction to Management Science)	Hillier 等	75. 00
MT007	《电子商务导论》(Introduction to E-Commerce)	雷波特　等	58. 00
MT008	《供应链设计与管理》(Designing and Managing The Supply Chain)	辛奇—利维　等	40. 00

书系代码	书　　名	作　者	定 价
MT09	《管理学基础》(Management)	克尼基　等	48.00
MT010	《定价》(Pricing)	门罗	65.00
MT011	《精通战略》(Mastering Strategy)	雷格斯比　等	39.80
MT012	《战略采购管理》(Harnessing Value in the Supply Chain)	班菲尔德	39.80
MT013	《逆向管理》(Don't Oil the Squeaky Wheel)	Rinke	39.80
MT014	《跨国管理》(Transnational Management)	Bartlett 等	79.80
MT015	《运营管理》(Matching Supply with Demand)	Cachon 等	50.00
MT016	《供应链与价值网创新企业案例》	任建标	35.00
营销管理			
MM001	《定位》(Positioning)	Ries & Trout	39.80
MM002	《营销战》(修订版)(Marketing Warfare)	Ries & Trout	39.80
MM003	《营销革命》(Bottom-up Marketing)	Ries & Trout	39.80
MM004	《新定位》(The New Positioning)	Trout	39.80
MM005	《颠覆广告》(Disruption)	让—马贺·杜瑞	40.00
MM006	《创意的竞赛》(Which Ad Pulled Best?)	Purvis	39.80
MM007	《广告文案名人堂》(The Art of Writing Advertising)	Higgins	29.80
MM008	《产品经理的第一本书》(The Product Manager's Handbook)	Gorchels	39.80
MM009	《全球整合营销传播》(Communicating Globally)	舒尔茨	39.80
MM010	《整合营销传播:利用广告和促销建树品牌》(IMC: Using Advertising and Promotion to Build Brands)	Duncan	298.00
MM011	《市场战略》(The Market Makers)	Spulber	48.00
MM012	《全球营销》(Global Marketing)	乔尼·约翰逊	60.00
MM013	《网络营销》(Internet Marketing)	默罕默德　等	65.00
MM014	《产品经理的第二本书》(The Product Manager's Field Guide)	Linda Gorchels	39.80
MM015	《营销学基础》(Essentials of Marketing)	佩罗特,麦卡锡	60.00
MM016	《文案发烧》("Hey, Whipple, Squeeze This.":A Guide to Creating Great Ads)	苏立文	39.80
MM017	《小鱼吃大鱼》(Eating the Big Fish)	摩根	45.00
MM018	《什么是战略》(Trout On Strategy)	特劳特	29.80
MM019	《整合营销传播:创造企业价值的五大关键步骤》(IMC: the Next Generation)	唐·舒尔茨　等	39.80
MM020	《促销管理的第一本书》	Schultz	39.80
MM021	《广告箴言》(And Now a Few Words From Me)	加菲尔德	29.80
MM022	《营销计划手册》(The Successful Marketing Plan)	赫宾 等	68.00
MM023	《渠道管理的第一本书》(The Manager's Guide to Distribution Channels)	哥乔斯 等	35.00
MM024	《项目管理的第一本书》(The McGraw-Hill 36 – Hour Project Management)	库克,塔特	

书系代码	书　　名	作　者	定 价
MM025	《细读杰克·韦尔奇》	Krame,Slater	39.80
MM026	《品牌资产管理》(Brand Asset Management)	戴维斯	39.80
MM027	《互愿营销》(Opt-In Marketing)	罗曼 等	39.80
MM028	《小技巧　大销售》(401 Killer Marketing Tactics)	费尔藤斯坦	39.80
MM029	《作业成本管理的第一本书》(Common Cents)	特尼	39.80
MM030	《产品经理手册》(The Product Manager's Handbook)	哥乔斯	55.00
MM031	《商战》(20 周年纪念版)(Marketing Warfare)	Ries & Trout	68.00
MM032	《博客营销》(Blog Marketing)	Jeremy Wright	39.80
MM033	《品牌驱动力》(Building the Brand-Driven Business)	戴维斯,邓恩	39.80
MM034	《定价的艺术》(The Art of Pricing)	Mohammed	29.80
MM035	《营销 7 堂课》(Mastering Marketing)	罗斯金－布朗	39.80
销售管理			
SM001	《成功销售管理的 7 大秘诀》(7 Secrets to Successful Sales Management)	Wilner	39.80
SM002	《电话行销,轻松成交》	姚能笔	39.80
SM003	《摸透顾客心》(Ten Demandments)	Mooney Bergheim	39.80
SM004	《练就铁齿铜牙》(Secrets of Power Persuasion for Salespeople)	Dawson	39.80
SM005	《轻松收款》(Collections Made Easy)	卡罗尔	39.80
SM006	《打倒墨菲定律　挽救我的销售》(Beating the Deal Killers)	Giglio	39.80
SM007	《增加销售的 12 种核心技术》(Beyond E)	Diorio	39.80
SM008	《销售管理》(Sales Force Management)	Johnston 等	49.00
SM009	《汽车销售的第一本书》	孙路弘	39.80
SM010	《终极销售力》(Ultimate Selling Power)	莫伊,洛伊德	39.80
SM011	《顶尖销售的 25 堂课》(Secrets of Top Performing Salespeople)	乔诺　等	29.80
SM012	《引爆销售的 10 大黄金法则》	Desena	39.80
SM013	《再造销售奇迹》	Eades	39.80
SM014	《攻心式销售》	Bosworth	24.80
SM015	《百万销售师》	Gardner	24.50
SM016	《成交》	Victor	29.80
SM017	《直销经理的第一本书》(Making Millions in Direct Sales)	马拉汉 等	39.80
SM018	《直销 37 计》(The Ultimate Guide to Network Marketing)	乔·鲁比诺	39.80
职场发展			
CD001	《外企面试宝典》(More Best Answers to the 201 Most Frequently Asked Interview Questions)	DeLuca	25.00
CD002	《人才心理测评》(Psychological Testing at Work)	Hoffman	25.00

书系代码	书　　名	作　者	定 价
CD003	《演讲的艺术》(Strictly Speaking)	Buckley	29.80
CD004	《五大会计师行》	周年洋　等	24.80
CD005	《职业经理自修手册》(The Manager's Self-development Guide)	Pedler	35.00
CD006	《关键对话》(Crucial Conversations)	Patterson 等	29.80
CD007	《静思录》(Finding Your Strength in Difficult Times)	David Viscott	19.80
CD008	《商务英语书信写作精益求精篇》	康宁汉　等	29.80
CD009	《商务人士日常书信写作》(Great Personal Letters for Busy People)	布赫	48.00
CD010	《销售信函》(Sales Letters Ready to Go)	贝塞尔　等	32.00
CD011	《商务信函》(Business Letters Ready to Go)	Bayse	39.80
CD012	《我爱笨老板》(How to Work for an Idiot)	胡佛	29.80
CD013	《实用英语动词短语》(Basic Phrasal Verbs)	斯皮尔斯	35.00
CD014	《赛马》(Horse Sense)	里斯,特劳特	29.80
CD015	《报刊装帧设计手册》(The Newspaper Designer's Handbook)	哈洛维	128.00
CD016	《君子善言》(Speak Like a CEO)	贝茨	32.00
CD017	《脱颖而出》(Shine)	汤普森	29.80
CD018	《量子飞跃》	谢尔顿,刘芊	29.80
CD019	《纳米说服力》	姚能笔	29.80
投资理财			
IF001	《赢得"输家的游戏"》(Winning the Loser's Game)	Ellis	29.80
IF002	《向格雷厄姆学思考,向巴菲特学投资》(How to Think Like Benjamin Graham and Invest Like Warren Buffett)	Cunningham	39.80
IF003	《巴菲特怎样选择成长股》(How to Pick Stocks Like Warren Buffett)	Vick	29.80
IF004	《最后的合伙人》(The Last Partnership)	Geisst	29.80
IF005	《财务报表分析与证券定价》(Financial Statement Analysis and Security Valuation)	Penman	98.00
IF006	《技术分析》(Technical Analysis Explained)	Pring	80.00
IF007	《技术分析 A－Z》(Technical Analysis from A to Z)	Achelis	55.00
IF008	《股票价值评估》(Valuing a Stock)	Gray　等	39.80
IF009	《蜡烛图精解(第3版)》(Candlestick Charting Explained)	Morris	60.00
IF010	《技术分析习题集》(Study Guide for Technical Analysis Explained)	Pring	25.00
IF011	《股票市场的时机选择》(Timing the Stock Market)	亚历山大	48.00
IF012	《最佳卖出点》(It's when You Sell that Counts)	卡西迪	39.80
IF013	《股市名言》(Buy the Rumor, Sell the Fact)	麦洛	29.80
IF014	《向格雷厄姆学思考,向巴菲特学投资》(修订版)	Cunningham	39.80
IF015	《华尔街投资银行史》	Geisst	49.80

书系代码	书　　名	作　者	定 价
IF016	《信用风险:度量与管理》	瑟维吉尼	65.00
IF017	《财务报表分析与证券定价》(第二版) (Financial Statement Analysis and Security Valuation)	Penman	98.00
IF018	《信用评分模型技术与应用》	陈建	60.00
IF019	《现代信用卡管理》	陈建	80.00
IF020	《标准普尔教你做好个人理财》(The Standard & Poor's Guide to Personal Finance)	道尼	25.00
IF021	《标准普尔教你做好第一笔投资》(The Standard & Poor's Guide for the New Investor)	马蒂夫	25.00
IF022	《标准普尔教你做好长期投资》(The Standard & Poor's Guide to Long-Term Investing)	提格	20.00
IF023	《股市法则》(Stock Market Rules)	沙伊莫	29.80
IF024	《股指期货 100 问》	中国国际期货武汉研究中心	25.00
IF025	《巴菲特选股魔法》	洪瑞泰	25.00

(具体数据以出书为准)

图书订购单

（可复印使用）

第一步：请您填写以下资料：

公司名称： 收书人：

发货（邮寄）地址： 邮编：

联系电话： E-mail：

第二步：请您填写您所选购的图书及册数资料：

图书名称（请注明版次）	数　量	单价（RMB）	合计（RMB）
合　　计			

第三步：请您到邮局将款项汇至以下地址：

收 款 人：中国财政经济出版社邮购部

地　　址：北京市海淀区阜成路甲28号新知大厦

邮　　编：100036

电　　话：010－88190406　88190488

传　　真：010－88190414

邮购费用：书价加15%的邮费

第四步：请确认您是否需要增值税票，如果需要请在传真中注明您的增值税信息：

□ 开具增值税发票　　　□ 开具普通发票

第五步：如果您想了解其他详细情况，请垂询销售热线或发电子邮件：

TEL：010－8819 1017　　　E-mail：webmaster@ewinbook.com

第六步：请您在以下空白处签字确认：

客户：

日期：